書中所錄亦甚其餘散落者，皆鄭君未在左右於藝文古蹟有揮金陌上郎惡習，有愛古詩如鄭君者，實南通范氏之幸也。

范曾甲午歲初

嘆。

庚寅歲末遇鄭君松崇，言談博雅，為文典麗，吟誦聲律，其人則聞歌未訥有古風，遂引為知賞，每束舍必以詩賦歌以相激發，竟可廢夜不倦，觀者或以為癡，或視為陛佛道也，允中樂，樂無厓。

甲午年伊始,得见郑君《怡和快意》书稿,积数年来所作诗钟、嵌字联数百则,辅以出典故实,行文精萃无挂碍,其苦心署题《幼学琼林》、《龙纹鞭影》,大有益于初学者。

若先曾祖范伯子,硬語盤空,不可端睨。吾少時家貧,家宵唯以投壺詩鐘之戲以為娛兒。今余亦頹然老矣,所以能丞紹箕裘不隳家聲者,乃少游戲之禪。然古調自愛,人人不彈,性之有生彈境、對無昷之

題鄭福田以和陝憙南通范氏以歌詩聞於國中

背五十年，錢仲聯先生謂為詩壇崑崙之巔。玉先嚴子愚甫為人淳和而作詩依然

北京大学
中国画法研究院
翰芳文存

吟和快意
——与范曾先生积年所作诗钟联语集

郑福田/著

北京大学出版社
PEKING UNIVERSITY PRESS

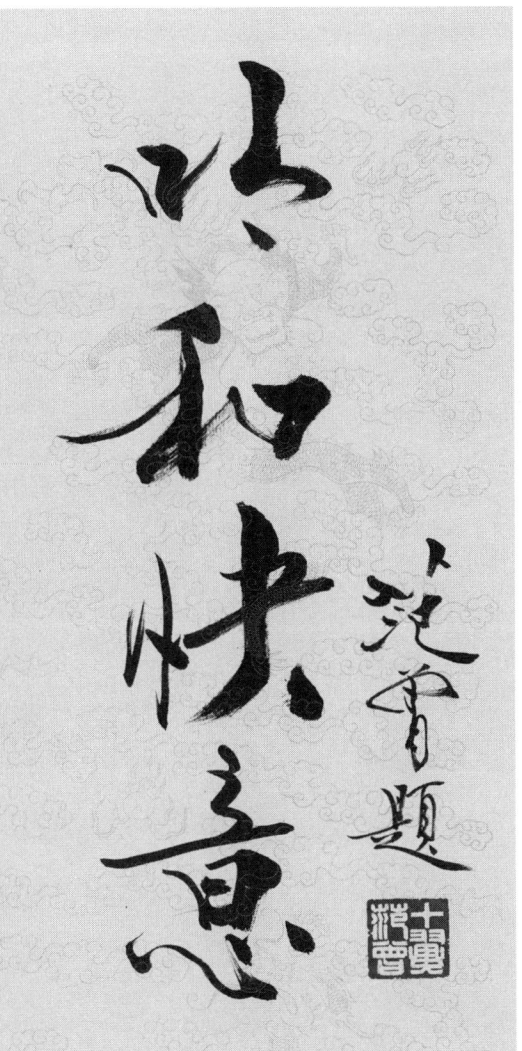

目录

题郑福田《吟和快意》 .... 范　曾 007

上卷　诗钟之部　001

白居易｜《四库全书》 003
挣钱｜裱画 004
鹰｜和尚 005
骆驼｜苏东坡 006
苍松｜范伯子 007
武当山｜大同石佛 008
鸭｜胡杨 009
袋鼠｜悉尼歌剧院 010
蟹｜《世说新语》 011
柿子树｜松 012
司母鼎｜东方朔 013
蚂蚁｜蜜蜂 014
孔子像｜奥运会 015
孔子像｜奥运会 016
愚人节｜春水 017
成吉思汗｜匾 018
答诸生问｜飞天 019
编辑｜韩非 020

拐杖｜外交官 021
泉水｜太和殿 022
邯郸｜土地 023
洛水｜少林寺 024
小布什｜庄子 025
精卫｜金融危机 026
十二生肖｜秋水 027
铜镜｜屈原 028
辛稼轩｜佛龛 029
牛｜象 030
名｜钱 031
水｜心 032
岳阳楼｜耶稣 033
老子｜香港 034
乾隆｜陆放翁 035
袁世凯｜镇尺 036
草原｜砚台 037
鲁迅｜茶 038

中秋丨马 …… 039	黄河丨雷海宗 …… 067
驴丨帆 …… 040	魏晋文人丨中国古代书院 …… 068
《诗经》丨飞白 …… 041	《诗经》丨宋儒 …… 069
台风丨寒冬作诗 …… 042	宋儒丨《诗经》 …… 070
护照丨理发 …… 043	梅花丨对弈 …… 071
书丨松树 …… 044	敬安丨曾国藩 …… 072
领带丨镜框 …… 045	柳永丨李渔 …… 073
雨丨灯 …… 046	王勃丨天鹅 …… 074
苏东坡丨紫禁城 …… 047	折扇丨枕头 …… 075
慈禧太后丨西湖 …… 048	魏徵丨张居正 …… 076
翻译丨兰花 …… 049	《范曾画传》丨《离骚》 …… 077
老鹰丨花木兰 …… 050	编辑丨木雕 …… 078
蒲团丨剑 …… 051	椅丨云 …… 079
白描丨罗汉 …… 052	蒲团丨茶 …… 080
吟咏丨茶 …… 053	烟丨湖 …… 081
嵇康丨杜甫 …… 054	斗室丨墨 …… 082
五台山丨马一浮 …… 055	刘禹锡丨豹 …… 083
胡适丨王安石 …… 056	文章丨金钱 …… 084
孙过庭丨曹雪芹 …… 057	华清池丨瀛台 …… 085
大风丨金融危机 …… 058	华清池丨瀛台 …… 086
镌刻丨钟馗 …… 059	褒禅山丨骊山 …… 087
寿星丨沙尘 …… 060	杜甫丨观音 …… 088
临帖丨作官 …… 061	李白丨褚遂良 …… 089
少林寺丨人大会堂 …… 062	凤凰台丨钱锺书 …… 090
雁丨鳜鱼 …… 063	酒杯丨兰亭 …… 091
纸丨笔 …… 064	兰亭丨酒杯 …… 092
岳飞丨李煜 …… 065	二胡丨相声 …… 093
李煜丨岳飞 …… 066	八大山人丨王羲之 …… 094

天姥山丨李清照 …… 095	蛇丨范曾书法 …… 123
电视丨醉翁亭 …… 096	黄山丨范伯子 …… 124
三味书屋丨沈园 …… 097	项羽丨庐山 …… 125
沈园丨三味书屋 …… 098	峨眉山丨吴道子 …… 126
扁舟丨《九歌》 …… 099	金融风暴丨菩提达摩 …… 127
弗洛伊德丨王阳明 …… 100	急就章丨鹣鲽情深 …… 128
王国维丨法乳 …… 101	鹣鲽情深丨急就章 …… 129
王羲之丨岳飞 …… 102	李鸿章丨菊花 …… 130
山鬼丨渔父 …… 103	曾国藩丨梅花 …… 131
柳丨驴 …… 104	曾国藩丨梅花 …… 132
柳丨驴 …… 105	《论语》丨沐浴 …… 133
箫丨剑 …… 106	苏格拉底丨烛台 …… 134
道丨流水 …… 107	柏拉图丨海 …… 135
梦丨霜 …… 108	西湖丨潘天寿 …… 136
茶壶丨烟斗 …… 109	和氏璧丨新疆 …… 137
钓鱼台丨吴作人 …… 110	鱼丨都江堰 …… 138
柳宗元丨大雁塔 …… 111	青花瓷丨《春秋》 …… 139
网丨风 …… 112	请柬丨相册 …… 140
洞丨灯 …… 113	玻璃丨伪币 …… 141
浮云丨秃顶 …… 114	寒流丨李贺 …… 142
门丨除夕 …… 115	苏东坡丨雾 …… 143
红豆丨鲁迅 …… 116	光阴丨塔 …… 144
江淹丨浮云 …… 117	王国维丨镌刻 …… 145
贺年片丨岳阳楼 …… 118	松丨李白 …… 146
十二生肖丨朗诵 …… 119	古贤丨邮票 …… 147
《论语》丨沐浴 …… 120	信丨香炉峰 …… 148
秋郊丨隐士 …… 121	桃花丨雪 …… 149
《海外散文三十三篇》丨元旦 …… 122	石头丨白发 …… 150

蚕｜桃花源 151
《兰亭序》｜谢公 152
酒｜伶人 153
梅兰芳｜茶 154
范曾｜兰花 155
杨贵妃｜流水 156
王昭君｜火 157
乌龟｜庄子 159
伶人｜酒｜ 161
考古｜博士生 162
《儒林外史》｜潍坊 163
达摩｜手机 164
刘义庆｜仙鹤 165
车｜冰 166
鞭｜盆景 167
枯木｜酒怀 169
花｜槐树 170
槐树｜花 171
花｜怀素 172
日本｜唐伯虎 173
窗｜阶 175
露水｜杜甫 176
雪｜郑成功 177
风｜辛稼轩 178
佛｜微尘 179
泉｜鹿 180
茶馆｜向日葵 181
腐败｜蓝天 182

杨玉环｜李后主 183
祢衡｜司马相如 184
酒｜凤凰 185
庙宇｜兰花 186
鹤｜佛家 187

中众一唱(凤顶格) 188
意存二唱(燕颔格) 189
匹秋三唱(鸢肩格) 190
情境四唱(蜂腰格) 191
心老五唱(鹤膝格) 192
黄艳六唱(凫颈格) 193
博青七唱(雁足格) 194
危绝一唱(凤顶格) 195
覆传二唱(燕颔格) 197
爨掌三唱(鸢肩格) 198
山友四唱(蜂腰格) 200
云梦五唱(鹤膝格) 201
关禁六唱(凫颈格) 203
重阳七唱(雁足格) 204
树花一唱(凤顶格) 206
影风二唱(燕颔格) 207
志云三唱(鸢肩格) 208
秦楚四唱(蜂腰格) 210
山水五唱(鹤膝格) 211
夏秋六唱(凫颈格) 212
泪诗七唱(雁足格) 213
雁鱼二唱(燕颔格) 215

下卷　联语之部　217

以张荣培题畅园之上联索下联............ 219
以太白楼之上联索下联...................... 220
以挹爽楼之上联索下联...................... 221
以赵藩题临水亭之上联索下联............ 222
以赵希潜题武侯殿之下联索上联......... 223
以张荣培题三闾大夫祠之上联
　　索下联...................................... 224
以吴鸿章题光孝寺之上联索下联......... 225
以徐淮生代张欣之题西园之上联
　　索下联...................................... 226
以朱书题燃灯寺之上联索下联............ 227
以章佐龙题黄鹤楼之上联索下联......... 228
以下联索上联，后二字须是人名......... 229
以廖成之题初殿之上联索下联............ 230
以洪良品题赤壁之上联索下联............ 231
以彭玉麟题滕王阁之下联索上联......... 232
以"中国梦""舜尧天"为上下联
　　后三字撰联............................... 233
以寄畅楼之上联索下联...................... 234
以"孟东野""孔北山"为上下联
　　后三字撰联............................... 235
以"惊四座""拨千弦"为上下联
　　后三字撰联............................... 236
以"归泰岱""到汪洋"为上下联

　　后三字撰联............................... 237
以"鹏舒翼""石点头"为上下联
　　后三字撰联............................... 238
以"从指顾""好平章"为上下联
　　后三字撰联............................... 239
以"爱伦堡""拜占庭"为上下联
　　后三字撰联............................... 240
以"斗柄""天机"为上下联
　　后二字撰联............................... 241
奉赠范曾先生一行并相与唱和........... 242
与连贯怡名字有关诸联...................... 244
范曾先生赐联并命和.......................... 245
与"诗书在腹非缘胖"有关之
　　联语往还.................................. 246
以柳亚子句为下联索上联.................. 248
呈范先生联语................................... 249
以曹春生题武侯殿之上联索下联........ 250
以江峰青题枫溪书院之上联
　　索下联...................................... 251
以司马迁语为下联索上联.................. 252
范曾先生七十五岁华诞吟和联语........ 253
范曾先生撰上联索下联...................... 254
呈范曾先生联.. 255
范曾先生赠联................................... 256

后　　记.. 257

题郑福田《吟和快意》

南通范氏以歌诗闻于国中四百五十年，钱仲联先生谓为诗坛昆仑之巅。至先严子愚翁，为人淳和，而作诗依然若先曾祖范伯子，硬语盘空，不可端睨。吾少时家贫，家翁唯以投壶诗钟之戏以为娱儿。今余亦颓然老叟矣，所以能克绍箕裘不坠家声者，乃少小游戏之裨。然古调自爱，今人不弹，往往有秋蝉抱树无温之叹。

庚寅岁末遇郑君于京，言谈博雅，为文典丽，而谙声律，其人则刚毅木讷有古风，遂引为知赏，每来舍必以诗赋歌吟相激发，竟可夤夜不倦，观者或以为痴，或视为怪，弗顾也，此中乐，乐无涯。

甲午年伊始，得见郑君《吟和快意》书稿，积数年来所作诗钟、嵌字联数百则，辅以出典故实，行文精萃无挂碍，其苦心略类《幼学琼林》《龙文鞭影》，大有益于初学者。

书中所录，亦吾所作之小半，其馀散落者，皆郑君未在左也。于艺文吾颇有挥金陌上郎恶习，有爱吾诗如郑君者，实南通范氏之幸也。

范曾

甲午岁初

以和快意

上卷 诗钟之部

白居易 |《四库全书》

【吟和】

范先生：鸣世间疮痍，终为时为事而作；
　　　　汇天下精粹，成推圣推贤之编。

郑福田：初为直折剑，忧国忧民忧社稷；
　　　　竟作曲全钩，集经集史集风流。

【注析】

　　白居易系唐时大诗人，其为人也，达则兼济，穷能独善。达时有句云："宁为直折剑，犹胜曲全钩。"故其为诗，鸣疮痍，忧社稷，倡言"文章合为时而著，歌诗合为事而作"。及其遇挫垂老，乃能独善，隐居洛阳，与香山僧人结伴，自号"香山居士"。亦有诗云："空门寂静老夫闲，伴鸟随云往复还。"

　　《四库全书》是清代大丛书，因经史子集四部而名。经史典要，子集风流，推圣推贤，广搜博采。论者有谓修四库乃清王朝笼络羁縻士人之手段，是欲使直折之剑，由颠倒故纸，而成曲全之钩云。晋初荀勖、张华编列晋室所藏书籍，始分四部。唐玄宗时，于东西两都，各聚经史子集四部之书，分藏于四库。四库由之得名。

　　两者一为文化人物，一为文化巨制。一经捏合，颇耐寻味。

挣钱 ｜ 裱画

【吟和】

范先生： 君子取财终有道；

高人重艺不凭框。

郑福田： 因谋粱稻非夷甫；

为展春山作郎中。

【注析】

人生于世，均需衣食，糊口养家，诸生一也。夷甫清贵，自可口不言钱；平人立命，岂能远离粱稻。然君子爱财，以道取之，有所当为，有所不为。若乃食能果腹，衣足蔽体，虽吟诗作赋，万言杯水，但得略抒情性，小展风华，亦足怡乐矣。

裱画一途，传播文化，护持性灵，周至纤微，厥功伟矣。高人重艺，美不凭框。不则椟显珠潜，宾主易位。而旧作沉积，斑驳漫患，裱以救之，有类医者，故今有"书画郎中"之名也。

挣钱要凭本事技能。语云，家有万两金，不如艺在身。裱画铺展春山、表彰人物，特其一艺也。

白太傅诗意　　177cm×96cm　　2013年

鹰 | 和尚

【吟和】

范先生： 发轫长空，千寻侧目惊凡鸟；
　　　　追陪寂夜，一片慈心寄木鱼。

郑福田： 一翅云开，社鼠城狐惊侧目；
　　　　六尘雪尽，青灯古寺记轮年。

【注析】

鹰属猛禽，眼疾喙利，羽若云开。方其耸身侧目，英气勃勃，发轫长空，奔山立海。寻常乌雀，社鼠城狐，一入范围，无所遁形，固是羽族健者。吾旧有诗云："宁神敛翼驻秋山，睡眼将开意态闲。待到风来云墨色，一飞却上九重天。"

和尚出家，心坚义正。名缰利索，斩断截开。出离烦恼，追陪鼓钟。六尘雪尽，菩提香飘。一盏青灯，不觉年轮暗转；几响木鱼，沟通凡圣之区。斯亦需大志力，大悲悯，所谓解连环手段，斩乱麻功夫者也。

鹰之与僧，一为猛禽，一为狠人，要之皆系能为扫荡廓清之事者。虽偶然拈出并列，一究其实，竟自暗合。

骆驼 ｜ 苏东坡

【吟和】

范先生： 大漠无垠，漫步谁承垂老愿；
　　　　 奇才旷世，接踵我欲少年狂。

郑福田： 背上峰峦，健蹄莫非神物种；
　　　　 胸间垒块，华文况是髯公书。

【注析】

　　无垠大漠，辽阔神奇。奋迅无前，唯我神驼。夫驼者，气宇轩昂，雍容大度，鹅颈远图，极边弗顾。背若峰峦，猛志弥高；蹄巨重盘，从容漫步。能承老愿，洵为神物。人或誉以为沙漠之舟，此但言其用也。至于衔尾御险，鸣沙警风，若不当机，其谁知之？

　　诗歌薮泽，文章武库。风流人物，当属东坡。具旷世之才，抱冲接踵；发少年之狂，天海沧浪。唯坡出入儒道，濡染佛禅，禀赋过人，触处生春。乃有满腹牢愁，朝云猜得；万丈华英，髯公亲书。萧条异代，惜不同时，胸间垒块，竟为谁抒欤！

　　骆驼固为神物，东坡煜然神人。背上或无峰峦，胸中定藏垒块。天之生物，固有形异类别而神韵酷肖者也。

苍松 ｜ 范伯子

【吟和】

范先生：　结屈虬枝，木大遐龄齐汉魏；
　　　　　盘空硬语，诗雄杰构领同光。
郑福田：　十年亲切，我从天龙知健影；
　　　　　万语纵横，谁把东野认鸿章。

【注析】

　　立壑挽云，擎枝迎客，遐龄汉魏，健影天龙，于形于德，兹松可谓尚矣。若夫入山双剑，夹道万虬，含霜笑露，友月交风，自是大木之精神韵致。至于倦人倚之而休，醉者推之曰去，则更显多情象义、练达自如之本色。万类有情，树犹如此。若弹古调，定有会心。

　　范伯子先生，承崇文之世泽，振耀世之家声。发为华章，气壮声宏。方其忧深国难，礼敬故土山川，欲期百里蒙麻，质之云雷君子，诗格文品，自是大家声口。至于并驾散原，领袖同光，大开风气，洵为豪杰。以故光宣点将，号称霹雳，百年诗坛，星占天雄。观其盘空硬语，势凌大唐东野，穷且益坚，涕泪天地民生，又何其悲壮乃尔。晚年回顾，嗟已伤时，家国萦怀，痛切肺肝，乃有万语纵横，十年亲切之句，读罢掩卷，令人生无穷叹惋。

　　苍松干老，伯子名高。以方以喻，颇得其宜。

武当山 ｜ 大同石佛

【吟和】

范先生： 一剑凌霄即是道；
　　　　 千莲同窟共祈天。

郑福田： 霄呈正色朝参岭；
　　　　 昙曜华光入彩云。

又：　　 峰参一柱称太岳；
　　　　 昙曜五窟驻流云。

【注析】

武当主峰，一柱擎天，犹如利剑，直指长空。又霄呈正色，湛然深迥，流云浮羽，八面聚合，响应风从，俨若朝参，旧称参岭，良有以也。至若谢罗太岳，固其别称，道教名山，纷其流誉。洎乎永乐，大兴土木，皇皇烨烨，比之故宫。终成亘古无双胜境，天下第一仙山。而乃举以名拳，声势赫赫，此又其教外余事。

云冈石佛，庄严肃穆。千莲同窟，诸洞留云。审其地势，正当要冲，要其初心，实营乐土。溯厥肇造，昙曜为先，五窟深秀，寺号灵岩。迄今华光常绕，彩色相萦者是也。至若近瞻法相，则古朴硕大，丰圆端整，衣带飘飘，若欲凌云直下，造福人间者。

武当云冈，属道属佛。并峙双峰，分流二水。要之皆为吾华瑰宝，世界奇珍，保之爱之，不宜异同。

鸭 ｜ 胡杨

【吟和】

范先生： 能辞蓄养即为雁；
敢抗风沙我是雄。

郑福田： 知水斯禽春江暖；
当秋彼木大叶金。

【注析】

据传鸭系由雁驯化而来。方其未化之初，虽餐风宿露，北去南来，未免征行奔波、羽毛劳顿之苦。然观其翱翔天际，无所挂碍，乘风远引，莫之夭阏，其乐又何如也。而乃竟入樊篱，失其本原，出入因人，饮啄仰给，飞天之羽褪尽，浩然之志无存。至于终日食酸食腐，生肉生蛋，堂前摇摆，哑哑随人，其悲复何如也。幸能略存天性，有掌浮波，方值春来，先知冷暖。又诗人巧思，择以入画，亦此辈之大幸也。

胡杨异木，出于荒边，生命倔强，高可参天。其本则强，其质则固，其性则贞，其寿则永。生而不老，老而不死，最其奇者，死亦不朽。观其根深叶茂，枝奇干曲，三千华盖，十万龙蛇。傲立如磐，大叶如金，固为塞漠之雄，风沙劲敌。应是当日男儿，勇赴流沙，既慷且慨，不顾旧家，壮心流水，终老天涯之骏骨所化。

鸭辞蓄养，当具凌云之志；胡杨兀立，永葆壮士之心。得此二题，少抒余怀。

袋鼠｜悉尼歌剧院

【吟和】

范先生：　温床在腹凭长跃；
　　　　　贝壳摩天孕大声。
郑福田：　如君怀抱休伸手；
　　　　　偌大风帆每发声。

【注析】

　　袋鼠前胸有袋，以育幼仔，后腿劲健，以利跳跃。其形固异于常。本生澳洲，外人少见多怪，乃有以其英文名"kangaroo"为源于其地原土民语"gangurru"（意为不知道）者。观其温床在腹，甚称便利，取譬人事，有类大具怀抱之属。至其前腿短而长蜷，亦能譬善自律不贪婪之德。唯其胸前有袋，且前腿收束，则其后肢之长跃，更无顾忌且更为有力云。

　　悉尼歌剧院是 20 世纪最具特色之建筑，坐落在悉尼港贝尼朗角，状类风帆，亦如贝壳，与茫茫大海，相与辉映，相得益彰。而其为著名之世界演艺中心，自是能发声者，亦真能孕大声者。

　　二题一为独特动物，一为独特建筑，均为当地特有，世界之奇，且皆有待于增广异见而述播异闻者。

蟹 |《世说新语》

【吟和】

范先生： 横行一世盘兼味；

仰望千秋士节风。

郑福田： 二螯八跪居无所；

雅量清谈志有风。

【注析】

  蟹之为物，坚甲巨足，形即狰狞，性复猖獗。每重横行，旁若无人，舞其爪牙，肆其尖利。而其性躁，用心不一，八跪二螯，无所托身。至于穴借蛇鳝，笑贻物类。故荀子以为不及蚓虫者远矣。时值高秋，方其新肥，执而食之，佐以酒樽，其品虽一，而鲜肥甘腻，诸味兼焉：或如干贝，或似银鱼，莹白胜玉，正黄若金，洵称世间好物。

  魏晋易代，万绪迭生。处危履险，守正持平。当时士节，关涉风气，亦世运之大端也。而乃或取诸怀抱，深究思理，或遁入山林，放浪形骸，趣舍固已殊途，静躁又复迥异矣。至于咏絮人家，衣冠磊落，坦腹门第，车骑雍容。挥麈谈玄，扇手如玉，登车揽辔，炉火纯青。是皆特立杰出，风规超远之士也。乃有临川王室，含章吐秀，集其英华，纂为《世说》，是亦功在史乘，沾溉士林，至为深远者矣。

  螃蟹具异禀而兼味，《世说》志异士而流行。或快人之口腹，或愉人之精神，所以快者虽殊，而指向于人则一。

柿子树 ｜ 松

【吟和】

范先生： 秋风拂遍黄金甲；

野雪追陪碧玉簪。

郑福田： 累累垂瓜金表里；

苍苍悬盖绿春秋。

【注析】

柿树旧族，亦有异种。或生僻野，或出华林。至其果实，颇不一律：小焉如杏，大则如瓜。而皆当秋则熟，表里一色。西风吹拂，累累垂金。郎当摇曳，大有趣味。固为人间好木，世上佳果。虽未称珍奇，少登华宴，而普惠百姓，其泽殊远。惭愧膏粱，尽供上国，幸有瓜柿，得养平人。

松树天禀，能傲风霜，四季青碧，节配寒梅。方其苍苍郁郁，八方云起，影舞龙蛇，冠擎日月，其神韵固如真豪杰大丈夫也。至若长身英挺，疆场检校，碧玉晶莹，野雪追陪，斯又神骏犹龙，岂可与凡夫语乎？

柿养平人，松标高致，打并分开，颇饶思致。

司母鼎 | 东方朔

【吟和】

范先生： 大方尊社稷；

滑稽谏君臣。

郑福田： 尊名疑司后；

巧笑见贤愚。

【注析】

鼎乃家国崇最之礼器。观其立三足而调五味，气象赫赫庄严，固非常物可比。大方一尊，四足两耳，形制风格，至重至宏。而乃流离辗转，终获珍藏，是天地必有以尊社稷镇馆阁者也。方此鼎初现，人咸惊其体格为当世之冠，而以司母戊名之者，为鼎腹铭文历历也。然书写异形，终成"司""后"之疑，或名之曰"后母戊鼎"，陶范一气，岂负大匠之德。名之于物，不可苟忽也如此。

孔子周游，孟轲好辩。圣贤教化，多出山东。不惟德行言语，泽被远大，即诙谐滑稽，亦未遑多让。东方朔特其卓卓者。方其观察颜色，揣度心怀，言求得宜，笑欲合时，百炼精钢，真能绕指，是诚具斩乱麻手段与解连环工夫者也。孟贲庆忌，鲍叔尾生，以言勇捷廉信，固有类于朔者。至于自以编贝悬珠喻其齿目，是又其自信幽默之本性使然。

鼎乃大方之器，朔亦社稷之臣，庄谐有别，若原其神，固当有一致处。

蚂蚁 ｜ 蜜蜂

【吟和】

范先生： 恶名倾厦只缘白；

精酿采花不厌红。

郑福田： 曾因好梦称槐国；

每向凡花得密香。

【注析】

　　蚁虽小虫，极重秩序。观其结姻缘，成缱绻，乃营乃筑，载生载育，辛苦恣睢，成其族系，其工程至大至艰，真非寻常可得成就也。而其统属鲜明，毫不紊惑，后父工兵，各尽其责。组织之严谨，分工之精细，亦令人矫舌瞠目，不觉轼之敬之也。白蚁之属，复善破坏，损人家私，蛀人衣物，特其小端。至于腐蚀建筑，倾颓屋宇，洞穿己穴，溃人堤坝，其为祸亦称剧焉。而有南柯梦里，居然华国，沉浮升降，簸弄干戈，固文人之寓言，实槐根之已聚者。是蚁之为物，岂可小觑也哉！

　　蜂素勤力，于焉不息。精酿百花，终成蜜饵。用心甚殷，奏功云伟。方其飞翔红尘，徜徉紫陌，十里趋风，指爪衔香，勤而且乐，殆无伦比。至于凡花隐匿，不在通衢，野径山陬，时风或雨，而无远弗届，零蕊不遗，是皆灵物工细，弥纶圆合之效也。是以密香虽远，终能采得，浮生若寄，每唼奇甘，亦足养颐介寿，保其长春也。

　　是二虫者，生固异类。至其精神，足资照鉴。

孔子像 | 奥运会

【吟和】

范先生：仰首千秋邹邑雨；
　　　　遥看万国雀巢花。
郑福田：庙貌风和吾与点；
　　　　神京巢伟凤来仪。

【注析】

昔唐子西曾于蜀道馆舍壁间见一联云："天不生仲尼，万古长如夜。"不知作者为谁。朱子引入《语类》。此联之于孔子，极力褒扬，固已过之矣。虽然，孔子诚中华文明之圣者。为其生于邹邑，泽被华夏，故千秋仰戴，如对时雨春风。至其作育贤才，培植道德，循循善诱，诲人不倦，自在人心深处。想像当时，曾子舍瑟，言浴言咏，一片清新，宜乎夫子动容，吾与点也。今瞻庙貌，当有会心。

奥运盛会，初到吾华，雀巢筑就，燕羽轻斜。声从星历，誉逐汉槎。更高更远，天下一家。乃有万国咸来，春台集凤，素心佳美，儿童鼓笳。斯亦旷世之大典，而健儿春风得意之时也。

文明古国，群英璀璨，西雾东风，两不相违。孟轲曾许孔子以圣之时者，使生此时，亦当欢忭鼓舞，快意横生。

孔子像｜奥运会

【吟和】

范先生：吾心依圣；寰宇夺雄。

郑福田：崇尊师表；冠领五环。

【注析】

  传云孔子生具异禀，身长九尺六寸，人称长人。又其顶有若屋宇之反，中低旁高，形状如丘，故名丘焉。孔子立身，素怀大志，虽未完全致用，然其为当时最博学者，殆无疑也。在世已有"天纵之圣""天之木铎"盛誉。至后世更被尊为至圣先师、万世师表，高列"世界十大文化名人"之首。其学说影响吾土，至深至大。而吾民尊师依圣之传统，一脉相承，直迄于今。

  奥运大赛，世界盛典。检校健儿，提高素质。推动发展，促进和平。斯旨深且远矣。而其徽识，五环相连，正如挽手并肩之像也。至于赛事一开，群英并起，争雄逐鹿，沙走云飞，洵为一代伟观，令人目夺神眩，感奋不已。当其力挫群雄，荣登金榜，彼时彼地，有如登上高山，回首望去，风定云平，胸襟气象，又果何如也！

愚人节 | 春水

【吟和】

范先生： 普天智者弄潮日；

野渡群凫嬉戏时。

郑福田： 时逢好日谈玄众；

鸭噪平池试暖多。

【注析】

　　愚人节源于法国。法国1564年始行格里历（阳历），以一月一日为开年，废止以四月一日开年之旧历。新历甫一推行，即遭旧派反对。他们依旧于四月一日互赠礼物，活动庆祝，借以抵制新历。新派之聪明滑稽者，则于此日对旧派施以愚弄，赠送假礼物，编造假聚会，并把受愚弄者称为"四月傻瓜""上钩之鱼"。时日一久，便成风习，流行法国，渐及英美诸国。当今通信便捷，风化互渗，故每逢四月一日，普天智者，皆可弄潮谈玄，无所顾忌。

　　春风轻拂，春云乍展，春阳和煦，春水方生。乃有野渡无人，翻飞凫众，平池澄澈，试暖鸭多。固是初春景色，亦为诗人心眼独到处也。由此知灵台清明，大有益处。

　　春水暖则群凫争戏，愚人节则普天弄潮。人之与禽，皆有放任之本能。而节制与否，泾渭分焉。

成吉思汗 | 匾

【吟和】

范先生： 掌上亚欧成一统；
　　　　 堂中圣哲足千秋。

郑福田： 射雕拓土连欧亚；
　　　　 褒哲依贤记事功。

【注析】

生于漠北，长于莽原。统一诸部，建号大汗。叱咤风云，纵横欧亚，奔腾铁马，激荡海天。成吉思汗真一世之雄也。观其发谋决策，筹深虑远，中肯切要，智算空前，指挥才能已臻极致。而其分封领户，创建文字，颁布法典，谐和宗教，诸项文治，皆具显效，又岂一弯弓射雕所可方拟。至于推戴其为世界史上杰出之政治家、军事家，考之史乘，名下固无虚也。

或装点山水形胜，或展示翰墨才华，或显扬堂号字号，或题写勉励教诫，或书用贺喜祝寿，或赠因应酬往还，至于圣哲堂前，悬示褒敬，贤良高第，刻记事功。匾之为用，可谓大矣。原其质料，石木居多，亦有土灰，非其正也。希圣希贤，人情之常。虽究其实际，百难臻一。而思齐向上，固胜于因循蹉跎。是知表彰发扬之功，不可弃也。

答诸生问 | 飞天

【吟和】

范先生： 千言一贯飘春雨；

五乐齐鸣散落花。

郑福田： 无间解惑春风起；

有带翔云彩袖飘。

【注析】

答诸生问，乃为师之大端，亦韩文公所谓传道授业解惑之要途。必积学贮宝，厚其腹笥，思理深至，统系分明，且见地超绝，高屋建瓴，方可从容作答，游刃有余。不则捉襟而肘见矣。若夫千言一贯，如飘春雨，解惑无间，如坐春风，至于河悬九派，奔腾直下，黄钟在即，一叩多鸣，譬如佛陀讲道，落花如雨，生公说法，顽石点头，其于为师，其乐何如？！其于为生，其乐又复何如也？！

娑婆世界，天界众多，各界众生，皆称"天人"，亦常以"天"简略称之。卅三、兜率、大梵、功德，皆此类也。有乾闼婆者，印度歌神，紧那罗者，印度乐神，二者本为夫妇，后列入佛教天龙八部之属。石窟画壁，衣带飘飘，皆此二者之像。观其状貌，犹能想见其翔翥云间，彩袖飞扬，五乐齐鸣，花雨缤纷之景象，令人平添企慕景仰之心。五乐乃佛家出家乐、远离乐、寂静乐、菩提乐、涅槃乐，非琴瑟、笙竽、鼓、钟、磬之属也。

答问神游八极，飞天亲临万有。虚虚实实，要皆纵任飘逸无拘束。

编辑 ｜ 韩非

【吟和】

　　范先生：剪裁未和新人意；
　　　　　　孤愤曾为霸主嫌。
　　郑福田：与人作嫁千秋事；
　　　　　　传我说林孤愤台。

【注析】

　　殷商典册，粗能成编，孔子删修，复具实践。逮至史迁，纂辑书表，国策文选，渐可发皇。原始要终，编辑之源尚矣。洎乎时代演进，文化日宏，内涵拓展，百事骈臻，书报刊画，声像图符，沓呈纷至，目不暇接。而选题组稿，起例发凡，督促厘正，审检加工，编辑之为劳也日繁。虽提炼剪裁，未必尽和时人之意，而与人作嫁，期成千古不刊之功。是则编辑之高崇，有过于寻常职业之所在也。

　　韩非以王室宗族，喜刑名法术，要其根本，归于黄老。虽为人口吃，不能道说，而下笔风发，莫之阻扼。方其论注老经，精研治道，深致慨于所养非所用，所用非所养，廉直不容于邪枉，浮淫每上于功实，因作《孤愤》《五蠹》《说林》《说难》《内储说》《外储说》十余万言。倡言修明法制，力诋乱国之蠹。致令秦王生"得见此人与之游，死不恨矣"之叹。然以其孤高嫉俗，终未能展其怀抱，竟死于姚贾之谗。真可为发一痛哭也。

　　韩非子之内外储说，与编辑有关。系对论说所用材料之收集整理与分类汇编。

天边　365cm×145cm　2006年

拐杖 | 外交官

【吟和】

范先生： 于我持行装点物；
　　　　 为邦定策阖开人。

郑福田： 游历山川凭指点；
　　　　 出入邦国纵驰驱。

【注析】

　　杖之为用，佐人步履。行则侍于侧，倦则倚而休。输定力，稳路途，探险阻，扶老弱，是其常也。至于装点风标，居然大雅，游历山川，举以指挥，乃其余事。而持行舒徐，指点潇洒，意态正自佳好。陆放翁"樊川诗句营丘画，尽在先生柱杖边"，苏东坡"敲门都不应，倚仗听江声"，虽系前代风流，然至今读之，觉当时情景，宛在目前。

　　国家外交，兹事体大。举行谈判，签订约言，显扬国体，振作邦声，联络事务，促进和平，诸皆有赖于此。虽得道多助，失道寡助，名望地位，赖于国力，而任事之人，力行身体，驰驱出入，纵横开阖，较短量长，谋深虑远，担荷使命，持守节操，折冲樽俎，决断坛台，巨细萦怀，为国争光，其用亦至大矣。外交官职业高尚，受人礼敬，良有以也。

　　杖用以凭倚，外交官，国之杖也。

泉水 ｜ 太和殿

【吟和】

范先生： 出山急湍呈清泠；
　　　　 执笏徐行拜冕旒。
郑福田： 柳文简峻清流比；
　　　　 盛典恢宏紫禁开。

【注析】

　　泉为水原，《易》云，山下出泉，其字像水流成川之形。旧时训诂，辩证其类甚为细微。如曰：滥泉正出，沃泉县出，氿泉穴出。复曰：同出异归曰肥泉，泉有光华曰荣泉。等等皆是也。与江河湖海相比，泉始出山，水流自是单简清泠。方之文章，则有举拟柳柳州之文者。宗元文章，深刻清峻，与韩潮欧澜苏海颇不同。

　　世有东方三大殿之目，太和居其一焉，即俗称金銮殿者。该殿成于明永乐年间，原称奉天。逮至嘉靖，改名皇极。顺治二年，始用今名。系皇帝登基、皇后册立等国家大典举行之所。每值盛典，紫禁宏开，大臣执笏，鱼贯徐行，登阶就位，而拜冕旒，其氛围庄严肃穆，无以加焉。因该殿象征皇权，时人有野心者纷纷觊觎，于是"驾坐金銮"便往往成为旧时英雄豪杰妄人强梁追求企望之目的云。

　　泉水流衍以成江河。太和殿中人，亦期其帝祚流衍不绝。

邯郸 ｜ 土地

【吟和】

范先生：　匍伏寿陵缘学步；

　　　　　支撑社稷应开疆。

郑福田：　完璧负荆都彼赵；

　　　　　生民载我大其疆。

【注析】

邯郸者，西依太行山脉，东接华北平原，当四省之冲要，据中原之腹心。邯山尽此，举以为名，三千余年，迄今未改。中皇之麓，女娲造人，磁山文明，肇兴农业。逮及商初，已为畿辅，纣王当政，更建离宫。历属卫晋，终归赵氏，以为都城，垂百六十年。秦立大郡，汉复宫观，侪身五都，地位煊赫。胡服骑射，完璧归赵，负荆请罪，皆出于此。寿陵学步特其一端而已。

原土地之义，大要有三：一为田地，二为封疆，三为神祇之名。田地大德，载我育我，允开允拓，蒙休蒙泽。封疆据土，社稷有主，四封既广，乃能建树。由是观之，二者真系生民之重矣！唯土地之为神祇，虽言出子虚，事属乌有，且权止于当坊，职局于本处，位既卑微，事复琐细，然其亲为亲力，代天听视，深寄百姓之欲求，广接俗世之悲欣，又岂可因其神道而有所轻忽。

邯郸古名都，土地大关涉。

洛水 | 少林寺

【吟和】

范先生： 凌波大赋怀曹植；
　　　　 坐悟禅思有达摩。
郑福田： 九畴出处神龟渺；
　　　　 五乳阴晴禅境殊。

【注析】

　　洛水源出华岳，流行崤山熊耳间，汇集川流，积渐为雄。迨至中州，折冲奔衍。左携涧水，右带伊水。东出平原，北入黄河。浩浩汤汤，万千气象。吾华文明古迹，多有系乎此者。传云，龙马负图，出于黄河；神龟负书，现自洛水。伏羲据以画八卦，禹王因以得《洪畴》。所谓"奇象八卦分，图书九畴出"也。复有陈思多情，作赋凌波。名咏宓女，实感甄氏。虽事出附会，有违家国典章，而竟令洛水之神，从兹改易姓氏矣。

　　少林寺为禅宗祖庭，天下第一名刹。北魏孝文皇帝始建其寺。初为安置高僧跋陀者也。卅二年后，达摩西来。五乳奇峰，氤氲禅境。及今达摩洞内，当时肇迹犹存，默玄旧处，初祖身容宛在。于是禅宗法脉，代代绵延相传，日用常行，尽成玄门妙谛。若乃忠义超群，武功卓绝，则又其躬修实践之果也。

　　洛水文化原始，少林禅宗初开。中州钟之毓之，其功不可没。

小布什 | 庄子

【吟和】

范先生：　妄思导弹输民主；
　　　　　便倚苍梧说养生。
郑福田：　有美共名君实后；
　　　　　观濠侪辈我知鱼。

【注析】

因其父曾任美国第 41 任总统，美国第 43 任总统乔治·沃克·布什被人称作小布什，而其父则为老布什矣。小布什也是约翰·昆西·亚当斯之后第二位与父亲先后当选美国总统者。"有美"者，美国也；"共名君实后"者，言其在老布什之后也，亦言其父子在亚当斯父子之后也。小布什主张用导弹输出民主，发动伊拉克、阿富汗战争，延长《爱国者法》，皆为其主张之实际体现。

庄子尚孤独，游离体制之外。金戈铁马，大利高名，皆无与焉。所与往来，一妻一友一弟子而已；庄子喜对话，其书率皆作人姓名，使相与语，对象及于江山河海、鸟兽虫鱼、风雨晦明、骷髅鬼魂；庄子善冥想，恒游走，常做梦，贯通形神心物，有类宗教；庄子处穷闾隘巷，困窘织屦，槁项黄馘，分明一介穷生。而其倚苍梧，说养生，游濠梁，知鱼乐，得环中，奉无为，守心斋，重逍遥，自是大师佳处，又何暇顾其口体。

精卫 ｜ 金融危机

【吟和】

范先生： 微禽有志填沧海；
　　　　巨鳄无方挽急澜。

郑福田： 独衔海恨西山石；
　　　　坐看涛惊华尔街。

【注析】

　　帝女未化，嫣然娇弱；灵禽重生，俊逸坚刚。精卫固奇鸟也。观其不昧夙因，不避艰险，以我微躯，恨彼东海，衔木石，投涛波，知难而进，无止无休，何其壮也！读罢掩卷，想象水天无尽，孤翼翩翩，搏风击浪，愈挫愈勇情景，觉正气所凝，威灵所化，充盈乎天地之间，其毅魄精魂，亦长存乎宇宙之间，鼓荡人心，历万万劫而不磨！

　　次贷危机，起于美国。始也青苹微动，纤尘不惊，终则狂澜既倒，巨鳄无方。影响所及，遍于全球。海角天涯，殆难幸免。平人初尚坐观，谓无涉于己。继则不觉浸渐，至于沉沦。华尔街惊涛，为祸之巨，有不可以言传者。

　　世无精禽，谁填恨海！

十二生肖 | 秋水

【吟和】

范先生： 曾藏命数干支日；

能启运天窥测篇。

郑福田： 羊马从来比君子；

时空终古误虫蛙。

【注析】

生肖记载以《诗经》为最早，"吉日庚午，即差我马"句，已将地支与动物匹配；而睡虎地秦简之《日书》，则据以预卜盗者之相貌："子，鼠也，盗者兑口希须；丑，牛也，盗者大鼻长颈。"用知生肖源于吾国民俗，当非泊来。《周书》载宇文护母致儿书，有云"昔在武川镇，生汝兄弟，大者属鼠，次者属兔，汝身属蛇"者，应是生肖用于人身之较早记录。至于配伍干支，以藏命数，借言羊马，爰比君子，固亦源流有自，蕴含初民智量者也。

庄子为文，寓言十九。《秋水》篇举拟河伯海若，设为问答，以井蛙不可与语海，夏虫不可与语冰，拘于时空，难言大道等诸多譬喻，探讨事物本身之相对性与夫认知过程之变异性，以言认识事物之复杂。究其旨要，则在于顺物自化，以至无为。综观《秋水》全篇，实与《天运》篇之探究日月云雨具相同之精神也。

铜镜 ｜ 屈原

【吟和】

范先生： 何留乎美；有问于天。

郑福田： 照花前后；长佩陆离。

【注析】

　　铸铜为镜，可鉴形相，可正衣冠。持之以比今镜，于清晰明了，定不能及；而置之当时，较以鉴形之水，斯亦为善器佳制也。虽然，若夫西子王嫱，照花前后，花面相映，固能方艳一时；无如对面机缘一失，毕竟镜花水月。由此而生万物齐一，小大斯须，于美究何留也之叹，不亦宜乎！

　　屈原内美修能，志洁物芳。骐骥凤鸟，春兰秋菊，皆其情之所衷。观其危冠岌岌，长佩陆离，苏世独立，泥而不滓，固不与常人同也。而其信而见疑，忠而被谤，于是陈辞重华，御风而行，上叩帝阍，下求佚女，无愧于国，有问于天，皆发以至情至性。论者有谓虽与日月争光可也。求于世之君子，能为深思高举，不肯与世推移者几希。

　　铜镜屈子，皆堪为鉴。衣冠荣辱，固世所重。

辛稼轩 | 佛龛

【吟和】

范先生： 拍栏抚剑；洒水炷香。

郑福田： 醉推松去；开见如来。

【注析】

辛弃疾是青兕，是真虎，是壮声英概、懦士为之兴起之大英雄。而乃北人南来，处境孤危，谗摈销沮，白发横生。故花时中酒，醉推松去；拍栏抚剑，铿然有声。观其破纸窗前，苍颜华发，犹记平生，塞北江南，英雄慷慨，又岂常情所可量度！每读其壮词，觉沉郁顿挫，悲壮苍凉，如亲接幽燕老将之风。而其摧刚为柔，潜气内转，肝肠如火，色笑如花之境界，亦复令人感激奋发，不能自已。辛老子真词中之龙也！

龛室为安置佛像之所，其初，多于岩崖上掘凿空间而成。《观佛三昧海经》云：须弥山有龛室无量，其中有无数化佛。所记是也。我国云冈、龙门诸石窟，四壁亦皆掘凿众佛菩萨龛室。后世乃制石木，以为橱形，设立门扉，供奉佛像，称为佛龛。于是洒水炷香，殷勤供奉，门扉开处，自见如来。形制容或更改，而志心一贯不移。

牛 | 象

【吟和】

　　　　范先生：　驮聃出谷；供佛浇花。

　　　　郑福田：　怜君头角；重尔齿牙。

　　　　又：　　　无关风马；有贵齿牙。

【注析】

　　头上生角，趾端有蹄。力田能耕，肉奶可食。牛之建功至巨，为用甚多；尹喜清虚，心平体正，老子乘牛，紫气浮关，牛之神者，固已布在人口，垂于竹帛；至其因任异禀，出其所长，展肆头角，以牴以争，盘曲威严，卓荦坚忍，举拟狮虎，亦复自具牛气；而南海北海，道远物殊，呼嘘出处，了不相及，正无关乎马牛诱逐之风。

　　鼻长且韧，肢粗而坚。耳大如扇，牙长指天。象之为象，固异于常物而无所象也。征诸汉字，象祥音谐。诸多祈祝，于是乎出：太平有象，吉祥如意，皆为此类。佛之与象，因缘深厚。见佛欢喜，象得生天。有象六牙，六度波萝蜜，为普贤坐骑，而普贤以大行称。至若象之供佛浇花，乃佛家常行日用。而因其齿牙昂贵，竟致种群危殆，是大象无罪，有牙其罪乎？

　　象有牙，牛生角，白象亲乎佛，青牛及于道。天之生物，自具区别。

名 | 钱

【吟和】

范先生： 高人立极；俗客争驰。

郑福田： 正而言顺；无以致贫。

又： 斯馨身后；阿堵榻前。

【注析】

《说文》云："名，自命也。从口夕，夕者，冥也，冥不相见，故以口自名。"意为黄昏之后，天色暗黑，人不能相认，乃各举己称以相告：我，某某也。此某某者，即名也。引而申之，则诸物有名。于是名氏、名姓、名义、名分之义出焉。后世文化繁衍，传统绵续，名誉名望，特蒙重视。人乃有"名声施于无穷，功烈著而不灭"之想。而综核名实，实相表里。惟能"三立"之高人，可致旷世之佳名。且必修养生前，方能留芳身后。不则得之以易，失之也速焉。

有关温饱，影响生活，钱之为用，不可或缺。多则称富，无则致贫，妇孺皆知，自然之理。唯君子爱财，取之以道，礼节荣辱，在所攸关。若念兹在兹，不顾廉耻，争逐驰骛，便成俗客矣。至若夷甫贵家，衣食丰饶，虽不满妻贪，事出有自，而口不言钱，径呼阿堵，终亦未免矫情。

立身贵名声，生活需财货。适可随缘，临之不苟，或能两兼。

水 | 心

【吟和】

　　　　范先生：　动能激浪；静不闻风。

　　　　郑福田：　曾经沧海；长在玉壶。

【注析】

　　空气与水，人生必须。倘或无水，不知其可。水具万状，其质归一。写入文学，便具多义：以写时间，曰逝者如斯；以写韶光，曰年华似水；以写爱意，曰似水柔情；以写愁情，曰一江春水；以写苦难，曰如水益深；以喻性别，曰女儿若水。至若物有赝品，竟云水货；网络发帖，则有水军。斯亦社会发展，词语衍生之效也。而曲直高下，动能激浪；曾经沧海，感喟弥深。水之形态象喻，又岂可忽哉！

　　心系主管血液循环之器官。而古人以心为思维器官，所谓心之官则思，即此意也。后又因此而生出精神、情绪、思虑、中央诸义。佛教语汇，心指心灵、心智与辨别能力，常与"识""意"混用。如云静不闻风，则已优入禅域；惟有长在玉壶，能喻一片冰心。传统语词之文化负荷既深且广，于此可见一斑。

　　上善若水，水善利万物而不争。能使素心如之，人生高境。

岳阳楼 | 耶稣

【吟和】

范先生：　布麻我族；原谅他们。

郑福田：　名高伟记；历开新元。

【注析】

范文正公撰《岳阳楼记》，倡言"先天下之忧而忧，后天下之乐而乐"，将毕生气象节守和盘托出。令人于千载之下，油然生向慕之情。想其屡任要职，建树甚丰；戍边多年，德业昭彰。"小范老子胸中有数万甲兵"，岂只边户传言；"军中有一范，西人闻之惊破胆"，当时洵非虚语。至于军政之暇，作为文章，襟胸怀抱，一如其为人。乃有悯渔之诗，心忧江上风波；穷塞之词，情系笛里霜华。原夫道德功业，岂止布麻一族，而其《岳阳楼记》，至今名满吾华。

基督教创始人耶稣，曾在十字架上请求原谅刽子手："父啊！宽恕他们吧！因为他们不知道自己做的是什么。"此前亦曾回答其弟子伯铎有关宽恕原谅次数之问："我不对你说：直到七次，而是到七十个的七次"；基督教以当时所推测之耶稣出生年为建元之始，是为通行世界之"西元"纪年，现代改称"公元"，旨在淡化宗教色彩。

《岳阳楼记》忧以天下，乐以天下，耶稣之教，亦以悲悯天下为事。所挟持、担荷者皆重且大。

老子 ｜ 香港

【吟和】

范先生：　千秋说道；百载言归。

郑福田：　成书尹喜；归赋荆开。

【注析】

　　老子提倡朴素的辩证法，主张无为而治，影响中国哲学至为深巨。因其学问精深，播于后世，且被道教尊为始祖。故"千秋说道"举此为言也。至于尹喜见机，求为关令，老子著书，垂五千言，旧时故事，亦早成佳话矣。

　　紫荆花固有兄弟友爱之义。梁吴均《续齐谐记》载，京兆田真兄弟三人，共议分财，生赀皆平均，惟堂前一株紫荆树，共议欲破三片。明日就截之，其树即枯死，状如火然。真往见之，大惊，谓其弟曰：树本同株，闻将分斫，所以顦顇，是人不如木也。因悲不自胜，不复解树，树应声荣茂。兄弟相感，合财宝，遂为孝门。

　　香港回归祖国，特区政府成立。百年忍耻，终成陈迹，一旦扬眉，尽除旧观。而紫荆花作为区旗徽识，亦馨香四溢，烂漫盛开。

　　老子出关，弘道化胡。香港回归，朝元归本。来去虽别，各得其宜。

乾隆 ｜ 陆放翁

【吟和】

　　范先生：　位高帝座；心在天山。

　　郑福田：　帝诗四万；臣爱三生。

【注析】

　　清朝皇帝乾隆，执政六十年，退位后复为太上皇三年，系皇帝史上在位时日最长，年寿最高者。一生热衷文化，清宫所藏书画，多为其收集而来。《四库全书》亦成于其在位时，是书卷帙宏大，卷数为《永乐大典》三倍之多。酷爱诗歌创作，收入诗集者共42250首，"帝诗四万"，特举其约数而已。"位高帝座"者，一因其贵为天子，地位尊隆，二因其庙号高宗。乾隆是其年号。

　　陆游，字务观，宋代大诗人，放翁乃其号也。生当南宋，金瓯破碎，有志难成，负剑空叹。为诗系念中原，感伤家国，忠爱拳拳，死而不已。诗词中多次出现天山意象，如"天山八月霜枯草"，"心在天山，身老沧州"。稽之史实，天山未入宋之版图，放翁系以此借指抗敌前线。

　　放翁深爱唐琬，而以不当母夫人意，竟至分拆，终其生深感痛苦。有《钗头凤》词，悽神怆骨。而《沈园》诸章，令人寄想三生石上也。

　　乾隆系中国写诗最多者，而陆游"四十年间万首诗"，现存九千余首，亦宋代诗作数量最多者。

袁世凯 ｜ 镇尺

【吟和】

范先生： 惟君头大；奈我纸长。
郑福田： 真银元首；是纸押司。

【注析】

袁世凯，近代政治家、军事家、北洋军阀首脑。辛亥革命，清帝逊位，民国建立。经南北议和，袁世凯成为临时大总统，后当选为大总统。1915年12月袁氏宣布建立中华帝国，改元洪宪，恢复帝制。旋因护国军誓师北上而废除。1916年6月6日病死。因袁在位时曾颁布《国币条例》，铸发新银币，币上铸其头像颇大，俗称"袁头币""袁大头"。"君头大""银元首"，皆以此事为言。而"元首"二字，亦与其大总统身份关合。

写字作画，纸上生涯，敷平置正，有以压之，此镇尺之用也。镇尺初无定制，案头诸物，皆可为用。后乃渐趋固定，多为长方条型，以其便利且不碍正务也。"奈我纸长"，言有所需也；"押司"者，言其职司也。押司本系宋官吏名，《水浒》宋江所曾从事者。

老子出关　137cm×70cm　2013年

草原 | 砚台

【吟和】

范先生： 苍天作帐；滴水成文。

郑福田： 云腾大野；墨饱侯池。

【注析】

颜师古云："穹庐，旃帐也。其形穹隆，故曰穹庐。"《敕勒歌》："天似穹庐，笼盖四野"，谓言四野在下，天笼其上，如其旃帐也。以"苍天作帐"形容草原，语有所出，且极为贴切适宜。草原雄浑辽阔，草碧天蓝，云飞风起，皆其常态。"云腾大野"状写一时景象，倘或亲临其境，自然色动神驰。

砚台为文房四宝之一，由原始研磨器演化而来，故砚亦称研。《释名》："砚者研也，可研墨使和濡也。"初时草草，但置墨丸于磨平之石器上，以研石研磨。后则渐益精美。世有四大名砚，曰端、曰歙、曰洮河、曰澄泥，颇为书人所重。"滴水成文"，言砚之用也。文嵩《即墨侯石虚中传》，以砚为"即墨侯"。故"侯池"者，砚池也。

草原一望无垠，砚台阔以方寸。一可驰轻肥，一可摛文彩。放逸身心，为功一也。

鲁迅｜茶

【吟和】

范先生：　执旌乎左；恩叶者春。

郑福田：　民魂是重；国饮斯馨。

又：　　　记狂书愤；烹叶得香。

【注析】

　　毛泽东主席用"八最""四伟大"褒扬鲁迅，伟人亦惺惺相惜：鲁迅是我国文化革命的主将，是在文化战线上空前的民族英雄，鲁迅的方向，就是中华民族新文化的方向。此系以鲁迅为进步文化建帅旗而言，所谓"执旌乎左"也；鲁迅的骨头是最硬的，他没有丝毫的奴颜和媚骨，这是殖民地半殖民地人民最可宝贵的性格。此系因鲁迅为民魂之最而言，所谓"民魂是重"也。鲁迅毕生亦以振作民魂为己任："惟有民魂是值得宝贵的，惟有它发扬起来，中国才有真进步。"

　　中国是茶叶的故乡。陆羽《茶经》"茶之为饮，发乎神农氏"之说有涉附会因依，而常璩《华阳国志》，"周武王伐纣，实得巴蜀之师，……茶蜜……皆纳贡之"，则较可征信。准此，则武王伐纣时，"巴国"就已经以茶叶为贡品。足证我国种茶历史之悠久与茶文化传统之深厚。虽然目前茶叶产量低于印度，屈居第二，然而茶叶品种和茶园面积则为世界第一。茶叶作为"国饮"，合于国情民意，顺理成章。

　　茶叶为国饮，用以轻身爽骨。鲁迅为民魂，用以藻雪精神。其用有别形神，皆可涤荡肃清。

中秋 | 马

【吟和】

　　范先生：　光悬故里；辔揽荒原。
　　郑福田：　八月分也；九方相之。

【注析】

　　中秋一词，见于《月令》。拜月之俗，始于春秋。至其为节，肇自李唐。迨及赵宋，则民间习俗定而赏玩风气开矣。世人重之，齐于元旦。食饼赏月，举国倾城。多有因见团圞，便伤契阔，天涯一时，叹喟横生者。所谓"露从今夜白，月是故乡明"也。地有殊俗，其名容异：月夕、仲秋、拜月、追月、女儿、团圆，皆其别称。而三秋之半，八月之分，时则一焉。

　　马生原野，自有龙性，英雄爱赏，佳话频仍。周穆八骏，汉文九马，六骏轩举，五马参差，皆于史有征者。至于辔揽荒原，心雄天下，固大丈夫之所为，而有赖于其神骏者。若夫九方善相，伯乐荐之，三月穷搜，得之沙坵。虽牝牡未谙，骊黄已紊，而晨凫赤电，竟归秦穆焉。固知遗貌取神，相之大者，岂可使局于相马之术而轻之哉！

　　良马骏足，中秋佳节。当纵犹龙步武，以谋举世团圆。

驴 | 帆

【吟和】

范先生： 我思黄冑；谁系青莲。

郑福田： 剑门细雨；烟际孤光。

【注析】

  驴虽马属，种有不同。貌相平平，了无威武。以其温驯，人或轻之。甚者鄙夷不屑，咸集其身：驴鸣语言鄙俗，驴年遥远无期，驴券文章失要，驴角事属子虚。至于疲驴难及骐骥，马嘴却对驴唇，要皆因义生文，取用所需者也。又焉知驴骡駃騠，太史公谓为奇畜；常行日用，验其效往往当先？大功细用，竟至沉埋；黄钟之叹，不独人类。幸有黄冑画笔，写其形神；放翁诗思，发其背上。令人想象磨边垅头、剑门细雨时也。

  太白俊逸，风流放旷。喜怒哀乐，发为文章。兴来吸江酌斗，交风友月；兴尽停杯投箸，拔剑彷徨。至其迍邅失路，直欲划山铺水；及夫好音传来，又复轻舟追云。千里江陵，一日归来。青莲飞帆，谁为系者？花间词人孙光宪，为词自具真面，"片帆烟际闪孤光"，特其壮句也。

  塞外干旱少雨，亦难得见水，遇雨见水，则喜过望。若扬一片轻帆，凌于江河之上，或乘一骑健驴，行于细雨之中，其乐复何如也！

《诗经》| 飞白

【吟和】

范先生： 删由仲孔；肇始伯喈。

郑福田： 思无邪旨；体法鸿都。

【注析】

诗经之什，谐美深切，滋益蕃衍，冠于群经。虽上自宫室王廷，下至闾巷闺门，无不包罗曲尽；而思致纯粹，一言蔽之，谓无邪旨焉。人以其功，咸归仲尼。原夫孔圣删述，其事在有无之间，而刊落神怪，近于生民，不为高激，力持中正，定有人为之也。取前人之制作，成后世之高标，为功至大，岂可轻忽。

中华书法，源远流长。书体之分，代有奇正。飞白亦书体之一，传为蔡邕创制：邕以待诏，见匠人修饰鸿都门，以垩帚成字，私心悦之，归而仿效，其体遂成。评者言其创法于八分，穷微于小篆，自非蔡公设妙，岂能诣此？可谓胜寄冥通，缥缈神仙之事也。

哲人精于删述，诗经影响益广；蔡邕善于取法，飞白体势大成。文化盛事，泽波必及于后学。

台风｜寒冬作诗

【吟和】

范先生： 眼空无物；瑟肃有人。

郑福田： 畏来木拔；冷至肠枯。

【注析】

热带气旋若持续风速在 12 级至 13 级即为台风。台风得名，有转音说与源地说诸种。现在普遍认为台风一词源自希腊神话：大地之母盖亚之子 Typhon，系生有百个龙头之魔物，魔物诸子即是此风。后 Typhon 一词传入中国，与广东话融合，成为台风。台风中心为低压中心，以气流的垂直运动为主，风平浪静，天气晴朗，称为台风眼。附近则为漩涡风雨区。"眼空无物"，系借用成语描述台风眼区景况。"畏来木拔"，则指澳洲呼台风为畏来风而言。

杨炯有"宁为百夫长，胜作一书生"之慨。孟东野亦有"一步一步乞，半片半片衣。倚诗为活计，从古多无肥"之叹。是知吟诗作赋，万言杯水。文章憎命，从古皆然。而寒夜苦吟，本自瑟肃。境遇凄冷，犹索枯肠。甚者乃如聊斋之惊霜寒雀，抱树无温，吊月秋虫，偎栏自热，犹自不辍吟歌。其亦可以已乎？其亦不可以已也！

台风奋迅，掀房拔木。冬吟瑟索，体冷肠枯。二者均非佳境。

护照 | 理发

【吟和】

范先生： 验身乎国；授首于人。

郑福田： 出将入相；唯上图新。

【注析】

符传过所，度牒公验，通关文牒，居停路证，皆吾国旧时无护照之名而具其用者。逮至清朝，始有护照之称，盖以其能证明身份，提请关防保护关照，给予通行便利故也。护照西名 passport，系指中世纪通过城墙大门之文书。"验身乎国"，以护照之用为言。"出将入相"，本指兼有文武才能者。然因"将"有携带之义，"相"有"验看"之义，故此处借指出入国门皆须携带验看。

理发，毫末技艺，日常小事。然细思之下，觉其毕竟顶上功夫，关乎仪容，系于观瞻，反映风格，影响交际，又岂可以其小而小觑之？吾国俗以"剃头"名之，夫"剃头"者，仅去发而已。理发则经营设计，位置安排，长短厚薄，左右上下，至于焗卷拉直，吹风着色，诸般料理，颇为精细矣。休言地位尊卑，欲除旧貌，必也"授首于人"，任其剪伐；遑论行谊高下，欲换新颜，总须"唯上图新"，从头治理。

书 ｜ 松树

【吟和】

范先生： 夏商为尚；霜雪不凋。

郑福田： 源生洛水；影傲虬龙。

【注析】

　　征之汉语体系，"书"之为义颇多。刻画书写之过程与成果之结集均可称"书"。而《尚书》《洛书》又其所特指也。《尚书》含《虞》《夏》《商》《周》诸书。战国时期总称《书》，汉代改称《尚书》，意为"上古之书"也。"夏商为尚"，乃即此义为言。《洛书》即旧传神龟于洛水所负出者。其图象结构为戴九履一，左三右七，二四为肩，六八为足，以五居中，五方白圈皆阳数，四隅黑点为阴数。简单图形，蕴藏无穷秘奥。有学者认为《洛书》是中国先民心灵思维之结晶，是中国古代文明首座里程碑。

　　松树霜雪不凋，乃树中真君子大丈夫。世多有以之喻人品与气节者。而吾印象最深者乃在于松风松影：山前夜分，十万长松，雄风铁马，冷月天龙。干老千尺，根盘百重。能除俗虑，可荡心胸。观其神骏发扬，真令人奋发蹈厉，顿起雄心！

　　书载文明，松具清操。两皆高崇可尚。

领带 | 镜框

【吟和】

范先生： 上焉称首；周以饰图。

郑福田： 蜻蛉西束；诸象四围。

【注析】

  今者着西装，佩领带，温文儒雅，风度佳好。倘溯领带之起源，则颇有趣味。据云，中世纪英人进食，不用工具，径直以手取食物以啖。时男子多蓄须，所食复多肉类，污面污手，即以衣袖擦拭。主妇不堪洗涤衣物之苦，乃出巧思，于男人领下系以布条，以便其随时揩抹油污。复于袖口外钉缀碎石数块，以牵掣提醒，矫正其以衣袖揩抹之习。领带与西服袖口之纽扣，系由此演变而来，今已成西服之绝好装饰矣。领带之上，便是首脑，所谓"上焉称首"也；蜻蛉，天牛幼虫，《诗经·卫风·硕人》："领如蜻蛉"，写女子脖颈之美。此处借蜻蛉并指男女之颈也。关于领带西装，林语堂、梁实秋均不喜，且对此均有令人解颐之妙论，以其文长，兹不具录。

  周以饰图与诸象四围，言镜框在镜之周边成围，且有装饰意味。

  领带镜框，约束以增美感。

雨｜灯

【吟和】

范先生： 苍天注水；寂夜持明。

郑福田： 无晴润物；有主生光。

【注析】

若以实际言，雨之形成脉理层层历历，清晰明白。若以传统认识言，则又纷杂笼统。《太平御览》引《河图帝道纪》曰："雨为天地之施。"引《遁甲开山图》曰："霍山南岳有云师雨虎。"又曰："郑有不毛之山，上有无为之君，分布云雨于九州之内。"凡此种种，虽未尽科学，然取以为创作之资，闲谈之具，既有故事，又不直白，且富人文色彩，固自有其佳处。因文学本以放任想象，打通科学道德文化宗教为言，其意实有在于实际之上言语之外者。程序途径分明历历，亦有不适宜举以表达其意在于言外者。

春秋战国时已有寂夜照明之具，在陶制的豆里放置豆脂，放上灯芯，加以点燃。"有主生光"之"主"，本义即此灯芯。而君主、主见、主心骨等诸多意思，皆系由灯心之义衍生而得。"有主生光"，不唯照明为然。凡事有主见，有依托，有定力，皆可期有大成就，放大光华。

雨泽及时润物，灯烛暗夜生光。无雨则百物不阜，无灯则民生可悯。

苏东坡 ｜ 紫禁城

【吟和】

范先生： 甦文八代；问鼎一人。

郑福田： 斯文海若；金殿煌如。

【注析】

苏东坡曾作《潮州韩文公庙碑》，称韩愈"文起八代之衰"。八代指宋齐梁陈魏齐周隋。两晋以降，骈文大盛，形式上几乎无文不骈、无语不偶，内容上亦多不出风花雪月、儿女宫闱。韩愈倡奇句单行之散文以与骈文抗，柳宗元为之呼应。至北宋复有欧阳修继起奋发，三苏荆公曾巩辈具为旗鼓。肃清荡涤，克奏肤功。是所谓"甦文八代"始自唐而成于宋。东坡英挺杰出，与有力焉；"斯文海若"，言东坡为文，因任自然，汪洋恣肆，向有"如海"之誉。

鼎为立国之重器，权力之象征，亦为旌表功绩之礼器。《左传》记载，楚庄王入洛，周王遣使劳之。庄王问周鼎轻重，有谋国觊位之心。是鼎不可轻问也；"一人"，系皇帝之自称或他称。商王自称"余一人"，《诗经·大雅·烝民》："夙夜匪解，以事一人。"《尚书·吕刑》："一人有庆，兆民赖之。"孔《传》："一人，天子也。""问鼎一人"，谓有权力有能力问鼎定鼎，入居紫禁城者，皇帝一人而已。

史载东坡素有大志，少读《后汉书》，愿为范滂，一生在朝在野，其志未尝改易。身在江湖，心存紫禁，社稷生民，俱在心头。

慈禧太后 ｜ 西湖

【吟和】

范先生： 司晨斯牝；映月有星。

郑福田： 重帘满月；十里荷花。

【注析】

　　有研究者认为，慈禧手腕干练，擅操平衡。因应颓势，重用汉臣。开办洋务，发展工业，建设军队，造就同治中兴局面。八国联军祸后，推行新政甚力。甚至认为清朝因为她的能力而续命数十年。慈禧对百日维新之措施，也系因康梁辈毫无章法而出于无奈之举。此论虽有评价过高之嫌，然平心而论，慈禧于男权帝制时代，当政四十七年，确有过人之处。"司晨斯牝"，即言其以女子当政而能力实不逊于甚且超过男子。"重帘"，言同治光绪年间两度垂帘，亦言两宫太后共同垂帘。"满月"者，一言满族政权，二言女子，三言虽为两宫听政，而慈安中途病死，惟慈禧一人得与始终也。

　　三潭印月系西湖美景。而十里荷花因系柳永《望海潮》名句，亦大有声称。据云："此词流播，金主亮闻歌，欣然有慕于'三秋桂子，十里荷花'，遂起投鞭渡江之志。"为此，谢处厚曾写诗云："谁把杭州曲子讴？荷花十里桂三秋。那知卉木无情物，牵动长江万里愁！"

翻译 ｜ 兰花

【吟和】

范先生： 能通夷夏；莫比艾萧。

郑福田： 达志通欲；所南无根。

【注析】

翻译历史悠久。《周礼》谓："象胥掌蛮夷闽貉戎狄之国，使掌传王之言，而谕说焉，以和亲之。"旧注谓："通夷狄之言曰象。""能通夷夏"即以此为言。又，《礼记·王制》："五方之民，言语不通，嗜欲不同。达其志，通其欲；东方曰寄，南方曰象，西方曰狄鞮，北方曰译。"此"通志达欲"所本也。

兰，香草也；萧艾，杂草也。屈原常二者对举，以彰兰草之洁与萧艾之秽。黄庭坚《书幽芳亭记》亦云，"兰甚似乎君子"，"虽含香体洁，平居与萧艾不殊。清风过之，其香蔼然，在室满室，在堂满堂，所谓含章以时发者也"。宋末遗民诗人郑所南，擅作墨兰而不画根土。倪瓒有诗云："秋风兰蕙化为茅，南国凄凉气已消。只有所南心不改，泪泉和墨写离骚。"

老鹰 | 花木兰

【吟和】

范先生： 素练霜风；红颜朔气。

郑福田： 孤飞片雪；还重花黄。

【注析】

  鹰系猛禽，纵任羽翮，出没青霄，搏击狐兔，攫杀凡鸟，固其本性。而老杜写画中之鹰，竟亦有"素练风霜起"之句，令人觉此鹰直欲劈面飞出，势凌紫氛；太白《观放白鹰》诗，有"孤飞一片雪，百里见秋毫"之句，写白鹰颜色之殊，高飞之状，目睛之疾。令人想见八月秋高，雄鹰白锦，抟风万仞，一击九天之态，气象一何雄也！天生神物，固不可与凡物为群。

  陈子龙长诗《秋月篇》有云："红颜朔气经时落，青冢寒云竟不还。"以红颜朔气写北方奇女子。然以木兰戎马十年，不受封赏，明驼千里，还归故乡观之，则其志固在和平生活，云鬓花黄间也。花黄系女性额饰，将额头涂成黄色或以金纸剪成图饰贴之，当由佛教涂金佛像启发。

  老鹰对霜风以翔骞，木兰因朔气而驰名。刚烈奋扬向上之气格，天地间不可或缺。

蒲团｜剑

【吟和】

范先生： 深思般若；出鞘寒光。

郑福田： 参真法止；射斗龙吟。

【注析】

蒲团用蒲草编成，是僧人坐禅及跪拜所用之圆座。"般若"（bō rě）系梵语的译音，佛教用语，指如实理解一切事物之智慧。为别于一般智慧，故用音译。"深思般若"，指静坐冥想，领悟佛理。即参禅也。"参真"于此则具参禅参拜两意。"止"者，依止也，此以言处所。

剑为利器，系"百兵之君"，属短兵。"出鞘寒光"，形容剑气寒凛。"射斗龙吟"，事见《晋书·张华传》。张华常见牛斗之间有紫气。雷焕告以此系豫章丰城有宝剑之精，上彻于天。张华乃命雷焕为丰城令。果于地下掘得双剑，一曰龙泉，一曰太阿。王勃《滕王阁序》"物华天宝，龙光射牛斗之墟"，即指此也。又，秋瑾《满江红》有"醉摩挲长剑作龙吟，声悲咽"句，见出女侠风采。

蒲团者佛徒所依止，宝剑者豪杰之齿牙。一则及时以处，一则应时为用，动静殊途，各遂其志。

白描 ｜ 罗汉

【吟和】

范先生： 终嫌脂粉；已近佛陀。

郑福田： 素无色相；果届佛僧。

【注析】

　　白描，中国画技法名，即用墨线勾描物象，不着颜色。"终嫌脂粉"，"素无色相"，均从其不着颜色为言。色相是各类色彩的状貌称谓，是区别各种不同色彩之标准。色相亦是佛家语。素无色相是大境界。《楞严经》云："离诸色相，无分别性。"

　　罗汉是阿罗汉之简称，是小乘佛教修行的最高果位，指修持佛法的人达到了脱生死境界。世传罗汉三义，一曰杀贼，即断除三界见、思之惑；二曰不生，即无生，阿罗汉证入涅槃，而不复受生于三界中；三曰应供，即阿罗汉得漏尽，断除一切烦恼，应受人天之供养。大乘佛教认为以阿罗汉果为修行目标还不够，因为，佛是自觉、觉他、觉行圆满，菩萨是自觉、觉他，阿罗汉仅具自觉而已。"已近佛陀"，"果届佛僧"者，言其已与佛相近，而所修之果亦为近佛之果。

　　白描不着色相，罗汉了脱生死。个中有相通消息。

锺馗神威　137cm×69cm　2013年

吟咏 | 茶

【吟和】

范先生： 步兵声朗；陆羽经传。
郑福田： 直成须贼；固是酪奴。

【注析】

　　三国魏诗人阮籍，曾任步兵校尉，世称阮步兵。《世说新语·栖逸》载其善于长啸："阮步兵啸闻数百步。"唐代诗人卢延让《苦吟诗》中有"吟安一个字，拈断数茎须"。吟安一字，拈断数茎，如此作害，延让不是诗人，真成须贼也。

　　唐人陆羽著《茶经》，人尊为"茶仙""茶圣""茶神"。酪奴为茶汤别称。南北朝时，北魏人不习饮茶，而喜奶酪，戏称茶为"酪奴"，即酪浆的奴婢。杨衒之《洛阳伽蓝记》："肃与高祖殿会，食羊肉酪粥甚多，高祖怪之，谓肃曰：卿中国之味也，羊肉何如鱼羹，茗饮何如酪浆？肃对曰：羊者是陆产之最，鱼者乃水族之长，所好不同，并各称珍。常云：羊比齐鲁大邦，鱼比邾莒小国。唯茗不中，与酪作奴。"

　　吟诗雅致，品茶清闲，诗禅一味。

嵇康 | 杜甫

【吟和】

范先生： 广陵遗散；西阁苦吟。

郑福田： 锻能轻会；饭岂忘君。

【注析】

嵇康，三国魏人，为人美词气，有风仪，龙章凤姿，天质自然。通晓音律，著《声无哀乐论》，作"嵇氏四弄"。性旷达狂放，轻时傲世。钟会往见，康锻于树下，竟扬槌不辍，不屑与言。钟起去，康曰："何所闻而来？何所见而去？"钟曰："闻所闻而来，见所见而去。"会以此衔恨，构康死罪。方其临刑东市，太学生三千人上书，请以为师。康则神气不变，索琴弹之，奏《广陵散》。曲终，曰："《广陵散》于今绝矣！"观此，则其领袖竹林，洵不虚也。

杜甫寓夔州一年又九个月，为诗440余首，占现存杜诗七分之二以上。夔州因称"诗城"。今白帝山下观音洞满愿楼已改建为杜甫西阁。范曾先生《杜公赞》云："杜甫，你伫立西阁，俯仰吟哦，你的声调，这样凄恻，这样悲凉。"苏东坡论杜甫云："古今诗人众矣，而子美独为首者，岂非以其流落饥寒，终身不用，而一饭未尝忘君也欤？"

嵇康不合作，杜甫不忘君，有光于历史，无愧于士节。

五台山｜马一浮

【吟和】

范先生：早藏千寺；能汇九流。

郑福田：金明佛著；沤灭花开。

【注析】

五台山系我国四大佛教名山之首。与尼泊尔蓝毗尼花园、印度鹿野苑、菩提伽耶、拘尸那迦并为世界五大佛教圣地。周百余里，由诸多大山组成。中有五座高峰，连绵环抱。地处黄土高原，弥望皆呈黄色，人恒以"金色世界"称之。山中寺院众多。"早藏千寺"，"金明佛著"，即此为言。

马一浮系新儒家早期代表人物，思想家，与梁漱溟、熊十力合称"现代三圣"。以其于学无所不窥，且造诣精深，故云"能汇九流"。逝世前，作《拟告别诸友》，有"沤灭全归海，花开正满枝"句。沤者，水泡也，佛教用以喻无常生灭。《楞严经》："空生大觉中，如海一沤发。"《三藏法数》："海本澄湛，因风飘鼓，发起水泡。以譬大觉之性，真净明妙，因心妄动，生起虚空世界。虚空世界在大觉性中，如大海中之一沤耳。""沤灭花开"，言其生虽已，而其精神财富，譬犹美玉精金，长存乎天地间。

五台佛地，清凉世界，马一浮学养深湛，固是真佛。

胡适 ｜ 王安石

【吟和】

范先生： 新文作手；古赋斫轮。

郑福田： 对真行者；呼好舍人。

【注析】

　　胡适字适之，首倡白话文与新诗，影响深巨，允称新文作手。陈寅恪1932年为清华大学入学考试出对联题，上联"孙行者"，欲应试者以"胡适之"对。盖"行"与"适"皆步履进退之动词，"者"与"之"俱为虚字。另据传说，1910年，胡适参加"庚款"留学考试，亦有此题，胡适得己名之利，答以"胡适之"，中式。"对真行者"，一言其名真可与孙行者相对，一言其对得真行，一言胡适于新文化运动、五四运动，均为领袖轴心，其筚路蓝缕、继往开来之功实有同于孙行者也。

　　王安石道德文章，辉煌彪炳，迥非常人所能及。当时律赋风行，安石不受范围，卓然以古赋名。观其《思归》《龙》《历山》诸作，咏叹徜徉，纡曲委备，高致远举，精神气格常有在文字之外者。昔齐桓公问轮扁斫轮之术，扁言"行年七十而老斫轮"。安石固古赋斫轮手也。安石为人重孝，《默记》谓其因母去世，哀毁过甚，不宿于家，于厅上铺地而寝，露颜瘦损。有信使来，见安石，以为老兵，呼令送书入宅。安石径取书拆读，信使喧呼怪之。左右告曰："此即舍人也。"信使惶恐趋出，呼曰："好舍人，好舍人。"时安石知制诰，故人以舍人称之。

　　胡适与荆公，于文于政，皆具革新精神。惜萧条异代，不获同时。

孙过庭｜曹雪芹

【吟和】

范先生： 临池有谱；破石荒唐。

郑福田： 疑存谱序；爱重颦儿。

【注析】

  唐书法家孙过庭，名虔礼，以字行。素怀济世志，未获大用。所著《书谱》，令临池习书者大有因依，为功书道至巨。或认为《书谱》已佚，今世所传者仅为《书谱序》而已。然观其溯源流、辨书体、评名迹、述笔法、诫学者、伤知音，言真理到，蔚为大国，正未当以是否完璧轻之。其中学书三阶段、创作五乖合种种提法，至今仍被书林奉为经典不刊之论，影响深远。

  曹雪芹出身望族，身丁忧患，创作《红楼梦》，以写盛极而衰之身世与翻手为云覆手为雨之世道。而以无才补天之顽石起笔。自云："满纸荒唐言，一把辛酸泪，都云作者痴，谁解其中味。"红楼梦写十二钗故事，其中最重者是林黛玉。贾宝玉称林黛玉为颦颦，亦称颦儿，后成为黛玉之昵称。在作者笔下，林黛玉是灵河岸上三生石畔之绛珠仙草，主人公对她的态度无限真挚："都道是金玉良缘，俺只念木石前盟。""空对着山中高士晶莹雪，终不忘世外仙姝寂寞林。"虽书成巨帙，言人人殊，倘究其主观旨归，吾固曰此书但写情殇而已。

  孙过庭撰《书谱》，为书法评价立规模；曹雪芹著《红楼》，为小说创作树高标。原其成就，两皆天人。

大风 ｜ 金融危机

【吟和】

范先生： 当来乎北；最困者西。

郑福田： 吹云卷地；失业惊天。

【注析】

  大风之象，浩乎沛然。当其吹来，奔腾决肆，肃清涤荡，而时杂雨雪，与之猖狂。是此风可拟北方风格气象。刘邦《大风歌》有"大风起兮云飞扬"，见出高祖志得意满而又求贤若渴心情。岑参《白雪歌》有"北风卷地白草折"，令人有深慨于奇才奇气与向上豪情。东坡《望湖楼醉书》亦有"卷地风来忽吹散"，起灭倏忽，写景状物，真有当下生擒活捉手段。《诗经》以"北风其凉，雨雪其雱"，"北风其喈，雨雪其霏"刺虐，并用"其虚其邪？既亟只且"号召人们离开现实统治者。

  金融危机有时而起，起则来势汹汹。人谓最受困窘者当是西人，此论不知确否。"最困者西"即此为言也。而"失业惊天"，既言实际情况，亦有悲悯之情怀在。人生在世，良非容易，执业之机，糊口之途，天若有情，亦不能不特予重视也。

  大风肃清涤荡，危机摧枯拉朽。当风临机，树直立稳，实有赖于基础之牢固与平时之夙修。

镌刻 | 钟馗

【吟和】

范先生： 文欣刀利；鬼有剑寒。

郑福田： 乃攻石也；能恕人乎。

又： 奏刀方寸；嫁妹鼓吹。

【注析】

　　镌刻者，雕刻也，指在石头或某种坚硬物质上刻画铭文。工欲善其事，必先利其器，所谓文欣刀利。而于方寸之地，展其身手，随文高下，象物曲折；至于横逸杰出，莫不中意，深衷浅貌，别有会心；甚者刹那光英，直前捉获，瞬间奇思，当下擒来，是皆镌者之长技，发乎烛照之灵光，成于独具之匠心者。昔庖丁为文惠君解牛，手之所触，肩之所倚，足之所履，膝之所踦，砉然响然，奏刀騞然，莫不中音。镌刻之尚品，离伦绝类，优入神逸之域，实有类于此。

　　范曾先生画钟馗，声名素著，其神朗目高标，凛然风烈，世无出其右者。而一剑光寒，竟似真能笼罩八荒九有，而令巨奸大慝、鼠窃狗偷者，非惟无所遁其形迹，抑且原心原迹，屏营战栗，心惊于斯神之果恕乎否也。父老传言钟馗负屈撞阶，杜平全交厚葬，暨乎馗为鬼王，乃以其妹嫁杜以报。迄今诸种文艺，犹多传此以为韵事。是亦可证钟馗固一有情有义男子汉，秉正除邪大丈夫也。

　　镌刻以刀，钟馗以剑。焕文彩，去奸邪，幽明途殊，俱发光烈。

寿星｜沙尘

【吟和】

范先生： 仁人固寿；旱魃为俦。

郑福田： 头生道柳；面有君痕。

【注析】

寿星，道教神仙，中国特有之长寿神。《论语》有云："智者乐水，仁者乐山。智者动，仁者静。智者乐，仁者寿。"故曰"仁人固寿"；寿星之传统形象为白须老者，持杖，长头大耳短躯干，额部隆起，若有瘤然。"头生道柳"，即言寿星额部有象征得道之瘤。古"柳"有"瘤"义，《庄子》"俄而，柳生其左肘"是也。

旱魃，一名旱母，传说中引起旱灾之怪物。《诗·大雅·云汉》："旱魃为虐，如惔如焚。"孔颖达疏："《神异经》曰：南方有人，长二三尺，袒身，而目在顶上，走行如风，名曰魃，所见之国大旱，赤地千里。"沙尘常与旱灾为俦侣，偕行并现。而沙尘一至，人面则每蒙其赐，着其痕迹，不能免也。

临帖 | 作官

【吟和】

范先生： 乌金夜课；青琐朝班。

郑福田： 欲图墨像；且坐高衙。

【注析】

临帖是学习书法的重要功夫，是取法古彦时贤从而登堂入室的途径。临帖有对临、背临、意临诸种，讲究眼到、手到、心到。乌金指墨。"欲图墨像"者，言临帖以求得己之翰墨与所临习者相像为目的，不惟形似，亦求意似神似。又，帖之拓片最佳者称乌金拓。

杜甫《秋兴八首》有"一卧沧江惊岁晚，几回青琐点朝班"句。青琐是古时宫门装饰，多以借指宫门。朝班，指上朝时站立次序。点朝班云云，指上朝时例行之传点检视。旧时作官，殊非易事。早朝待漏，颇萦苦辛。明何景明《李参谋府》云："高衙赫宏厂，镇坐抚南蛮。"高衙指堂皇高崇之衙门。"青琐朝班"也好，"且坐高衙"也罢，要亦当思百姓社稷。不则纵饶待漏当衙，佩虎符，坐皋比，峨大冠，拖长绅，求不为金玉之外、败絮其中者鲜矣。

临帖须有所本，作官要有榜样。楷隶行草，各有高格，清正廉洁，世存模范。要当不失其正体，持守其节概，光大发扬，有益人心世道。

少林寺 | 人大会堂

【吟和】

范先生： 禅宗法雨；社稷威风。

郑福田： 一山尚武；九有崇高。

【注析】

少林寺因座落在嵩山腹地少室山下的茂密丛林中而得名，号称天下第一名刹。因系汉传佛教禅宗祖庭，故云"禅宗法雨"；少林寺亦以功夫著称，崇尚禅武合一。然而禅宗以明心见性、顿悟成佛为要，认为参禅是正道，拳勇乃末技，于是僧众习武目的只在于藉以收心敛性、屏虑入定。有时亦兼收健身自卫、护寺护法之效。

人民大会堂是全国人民代表大会开会的地方，是全国人大常委会的办公场所，也是党、国家和各人民团体举行政治活动的重要场所。因而庄严肃穆，自具社稷威风。九有，九州。《诗·商颂·玄鸟》："方命厥后，奄有九有。"毛传："九有，九州也。"此指天下。"九有崇高"，言人民大会堂是天下最为高崇处也。

雁 | 鳜鱼

【吟和】

范先生： 平沙铩羽；流水衔花。

郑福田： 足能作使；歌已称肥。

【注析】

平沙指平旷沙原，与雁在诗文中素有联系。梁何逊"野雁平沙合，连山远雾浮"是也。中国古琴十大名曲有《平沙落雁》，亦名《雁落平沙》，《天闻阁琴谱》说此曲立意云："盖取其秋高气爽，风静沙平，云程万里，天际飞鸣。借鸿鹄之远志，写逸士之心胸者也。""铩羽"意为毛羽伤残，不能高飞。

"足能作使"典出《汉书·苏武传》。苏武困于匈奴多年，单于诡称苏武已死。汉使探知实情，乃声言："天子射上林中，得雁，足有系帛书，言武等在荒泽中。"单于不得已，交还苏武等九人。后遂以"雁足传书"指大雁能传递书信。唐权德舆"主人千骑东方远，唯望衡阳雁足书"，宋袁去华"人言雁足传书，待尽写、相思寄与"，秦观"衡阳犹有雁传书，郴阳和雁无"，皆此类。而李清照"雁过也，正伤心，却是旧时相识"等亦从此典脱胎。

唐张志和《渔歌子》有"桃花流水鳜鱼肥"句。"流水衔花"，"歌已称肥"指此。

鱼雁旧常对举，一以其在天在水，皆得自在，所谓"鸿雁在天鱼在水"也；一以其皆有传书故事。惜传书之鱼系鲤鱼，"剖开双鲤鱼，中有尺素书"，鳜鱼无与此雅。

纸｜笔

【吟和】

范先生：　传云蔡宦；祖溯蒙恬。

郑福田：　文章行在；翰墨刀枪。

【注析】

《后汉书》记载蔡伦改进造纸术："自古书契多编以竹简，其用缣帛者谓之为纸。缣贵而简重，并不便于人。伦乃造意，用树皮、麻头及敝布、鱼网以为纸。"天下咸称蔡侯纸，以其受封为龙亭侯也。蔡伦身为宦者，博学多才，为人尽心敦慎，史载其监作秘剑及诸器械，莫不精工坚密，为后世法。

"行在"字面上的意思是天子行銮驻跸所在，用"文章行在"说纸张，因纸张确为所写文章"驻跸"所在也。

《太平御览》引晋张华《博物志》云："蒙恬造笔。"唐韩愈《毛颖传》也表现同样的认识。然清代赵翼认为造笔不始于蒙恬，论之凿凿。语具见《陔馀丛考》卷十九。"翰墨刀枪"言笔虽微物，运用得法，则有如刀枪。"刀笔""有笔如刀"皆从此义出。

纸笔关系殊为密切，至于不可分离。然旧时贫家子弟，得之殊不易。传葛洪少好学，家贫，躬自伐薪以贸纸笔，夜则写书诵习，遂以儒学知名。

岳飞｜李煜

【吟和】

范先生：　丧生庙贼；垂泪宫娥。

郑福田：　公忠鹏举；好句重光。

【注析】

　　庙系供奉祖先、神佛或名人之所在。后亦用以指王宫前殿，因以庙堂指朝廷。岳飞字鹏举，公忠为国，英名布在人口。史称岳飞由于秦桧之谗被赐死，罪名是谋反。秦桧居朝廷高位，故云"丧生庙贼"。亦有人认为秦桧之谗只是诱因，皇帝才是真正之庙贼。文徵明《满江红》云："拂拭残碑，敕飞字，依稀堪读。慨当初，倚飞何重，后来何酷。果是功成身合死，可怜事去言难赎。最无端，堪恨又堪悲，风波狱。岂不念，封疆蹙？岂不念，徽钦辱？但徽钦既返，此身何属？千载休谈南渡错，当时自怕中原复。笑区区，一桧亦何能？逢其欲。"

　　李煜，南唐末代国君，史称李后主。著名词人。后人有以千古词帝称之者。煜字重光，故云"好句重光"。其《破阵子》写亡国情景，有"最是仓皇辞庙日，教坊犹奏别离歌，垂泪对宫娥"等句。苏轼对此不以为然："后主既为樊若水所卖，举国与人，故当恸哭于九庙之外，谢其民而后行，顾乃挥泪宫娥，听教坊离曲！"郑振铎则有另外见解："此正后主至情流露处。他心里不愿哭庙谢民，便不哭庙谢民。此种举动，实胜于虚伪的做作万万。好的作品，都是心里想什么，便写什么的。"

　　岳飞忠烈，抗金遭谗以死。李煜孱弱，肉袒白衣而降。皆有诗词传世。

李煜 | 岳飞

【吟和】

范先生： 能担罪恶；为雪靖康。

郑福田： 心如赤子；志抵黄龙。

【注析】

王国维《人间词话》："后主之词，真所谓以血书者也，宋道君皇帝《燕山亭》词略似之。然道君不过自道身世之戚，后主则俨然有释迦、基督担荷人类罪恶之意。其大小固不同矣。"此以李煜降宋为顺应形势，且有殉难精神为言；同书又云："词人者，不失其赤子之心者也。故生于深宫之中，长于妇人之手，是后主为人君所短处，亦即为词人所长处。"此以主观之诗人与客观之诗人为言。

靖康二年四月金军攻破东京（今河南开封），俘虏宋徽宗、钦宗父子北上金国，史称靖康之难。岳飞有"靖康耻，犹未雪。臣子恨，何时灭"句；黄龙府系金人囚禁宋徽、钦二帝处。岳珂《金佗续编》载岳飞语："某旧能饮，尝有酒失，老母戒某勿饮，主上亦命戒之，某自此不复饮。他日至黄龙城，当与诸君痛饮。"《宋史·岳飞传》亦记载："金将军韩常欲以五万众内附。飞大喜，语其下曰：直抵黄龙府，与诸君痛饮耳！"李大钊有诗送林伯渠："壮别天涯未许愁，尽将离恨付东流。何当痛饮黄龙府，高筑神州风雨楼。"

黄河 ｜ 雷海宗

【吟和】

范先生：　远滋华夏；平视汤斯。

郑福田：　巨龙多曲；强国一兵。

【注析】

　　黄河是中华民族的母亲河。远滋华夏，非一日也；生活在黄河上游的大多为少数民族，其中就有由羌族等古老民族演变而来的藏族。藏语称河为曲，黄河上游诸河段多以曲名，如卡日曲、约古宗列曲、扎曲、玛曲、河曲等皆是。所谓黄河九曲，只是约略言之。又，人们多以巨龙形容黄河。

　　雷海宗，著名历史学家，"战国策派""清华学派"代表人物，与梁启超、蒋廷黻、郑天挺并称"南开史学四大家"。有"声音如雷，学问如海，史学之宗"盛誉。20世纪中外史界以博赡深雄衡量，则推英之汤因比、德之斯宾格勒与中国雷海宗为三杰，故云"平视汤斯"；雷海宗崇尚武德，认为文武兼备的人有比较坦白光明的人格，兼文武的社会也是光明坦白的社会。其《中国文化与中国的兵》，呼唤武德。雷曾表示愿为强国一兵："生逢二千年来所未有的乱世，身经四千年来所仅见的外患，担起拨乱反正、抗敌复国、更旧创新的重任——那是何等难得的机会！何等伟大的权利！何等光荣的使命！"

魏晋文人 ｜ 中国古代书院

【吟和】

范先生： 越名归朴；正学宏门。

郑福田： 酒药风度；思行薮渊。

【注析】

　　魏晋文人，生丁动乱，处境险恶，人命危浅，有时甚至朝不保夕。然其处世却又往往高扬自我，特立独行，不为物累，不拘礼法，风流倜傥，潇洒自如。粗略看来，两者似乎矛盾，然细究之下，以此应时，却又有当然之理。针对当时统治者司马氏以"名教"自诩，利用"名教"剪除异己之作法，嵇康提出了"越名教而任自然"，追求真我无私坦然无系之真君子境界。"越名归朴"即此是也。鲁迅谈论魏晋文人，有名文《魏晋风度及文章与药及酒之关系》，分析中肯切要，深得魏晋文人之真相。

　　书院始于唐，盛于宋。江西庐山白鹿洞书院、湖南长沙岳麓书院、河南商丘应天书院、湖南衡阳石鼓书院、河南登封嵩阳书院名声最著。书院汇集大批精英，代表学术方向与传统，堪称正学宏门；朱熹、陆九渊等人在书院讲论理学，精研博议，天下从风，影响巨大。书院确为当时之思行渊薮。

　　魏晋文人，体气高迈，中国书院，化育深远。

后赤壁赋　198cm×248cm　2004年

《诗经》｜宋儒

【吟和】

范先生： 楚辞以启；心学之源。

郑福田： 三家佚去；五子开来。

【注析】

《诗经》为楚辞提供借鉴，是不争的事实。经历秦火，传《诗经》者有齐人辕固生，鲁人申培公，燕人韩婴，鲁人毛亨和赵人毛苌。前三家所传《齐诗》《鲁诗》《韩诗》，在西汉盛行，立为博士，成为官学，属今文学派。后一家所传《毛诗》为古文学派。逮及东汉，郑玄为《毛诗》作笺，学《毛诗》者渐盛，齐鲁韩三家先后失传。现存《诗经》即毛亨、毛苌所传之《毛诗》。

宋儒指宋代理学家。理学系宋代哲学之主流，亦是儒家哲学之特殊形式，是融合佛、儒、道三位一体之思想体系。主要内容为义理、性命之学，亦称道学。理学开创者为北宋五子，即邵雍、周敦颐、张载、程颢、程颐，此所谓"五子开来"；心学系由理学发展而来：二程肇其端，陆九渊大其径，王阳明提出概念，脉络清晰。认宋儒为心学之源，良有以也。

《诗经》注疏颇多，朱熹之《诗集传》居于《诗经》宋学之顶峰，元以后更被奉为科举标准。朱熹，宋儒之代表人物。

宋儒｜《诗经》

【吟和】

范先生： 仲尼同祭；七子正承。

郑福田： 道融三教；体具四分。

【注析】

孔庙祭祀有四配十二哲之目。宋儒倡理学，朱熹成就最著，因其为儒家发大光烈，故得预十二哲之列，与孔子同享祭祀。四配有复圣颜回、宗圣曾参、述圣孔伋、亚圣孟轲。十二哲有闵损、冉雍、子贡、子路、子夏、子若、冉耕、子我、冉求、子游、子张、朱熹。理学融合佛、儒、道三教，形成三位一体思想体系，故云"道融三教"。

《诗经》有《风》《雅》《颂》，而《雅》又分为《大雅》《小雅》，"体具四分"指此。汉末建安年间，三曹、七子继承《诗经》现实主义创作传统，描写社会状貌，关心国运民瘼，内容充实厚重，风格慷慨悲凉，人以"建安风骨"称之。七子并列，始自曹丕《典论·论文》："今之文人，鲁国孔融文举，广陵陈琳孔璋，山阳王粲仲宣，北海徐干伟长，陈留阮瑀元瑜，汝南应场德琏，东平刘桢公干。斯七子者，于学无所遗，于辞无所假，咸以自骋骥騄于千里，仰齐足而并驰。"

梅花 | 对弈

【吟和】

范先生：冬寒燦雪；岁久烂柯。

郑福田：惊时映雪；以子争雄。

【注析】

　　梅花禀赋孤介，傲雪凌霜，不争雨露，能报春光，与它花之趋奉节令者颇不相同，洵为花中之奇。"惊时映雪"所言即梅花之特异处，语出梁代何逊《扬州法曹梅花盛开》诗："兔园标物序，惊时最是梅。衔霜当路发，映雪拟寒开。枝横却月观，花绕凌风台。朝洒长门泣，夕驻临邛杯。应知早飘落，故逐上春来。"

　　对弈指下围棋，后引申至象棋及其他对局。围棋对弈，分黑白两方，执黑棋方先下，至一方无子可落，然后核数棋子，以占领棋盘面积较多的一方为胜。故云"以子争雄"；烂柯典出任昉《述异记》："信安郡石室山，晋时王质伐木至，见童子数人棋而歌，质因听之。童子以一物与质，如枣核，质含之而不觉饥。俄顷，童子谓曰：何不去？质起视，斧柯尽烂。既归，无复时人。"

敬安｜曾国藩

【吟和】

范先生：　非同断指；正报朝天。

郑福田：　哭花明道，为政耐烦。

【注析】

　　敬安大师，俗名黄读山，湘潭县石潭人。世皆称敬安于阿育王寺佛舍利塔前烧残二指，并割肉燃灯，以为大德，不知此犹皮相也。敬安平生，其志其行，真非一般宏愿可比。观其努力坚持，最终成就佛家大功果，为中华佛教总会首任会长，真非常人于非常时所成就之非常事也。至其少有颖慧，见桃花摧于风雨，恸哭失声，明道出家。是有深感于佛法运命，大不同于阮步兵之穷途也。

　　曾国藩为晚清中兴四大名臣，人以战略家、理学家、政治家、书法家、文学家目之。其进退出处，为政为人，颇有堪为楷模处。梁启超认为曾国藩："岂惟近代，盖有史以来不一二睹之大人也已；岂惟中国，抑全世界不一二睹之大人也已。"毛泽东、蒋介石并世英雄，而皆于曾氏服膺深至。毛泽东言："予于近人，独服曾文正。"蒋介石亦云："曾公乃国人精神之典范"；曾国藩为人为政，"以耐烦为第一要义"。曾在家书中告诫其弟曾国荃："昔耿恭公谓居官以耐烦为第一要义，带勇亦然。"此其经验之总结，并为其成功所验证者。

　　释敬安以坚忍志行，终成佛家功果。曾国藩倾毕生精力，得遂三立之志。

柳永 | 李渔

【吟和】

范先生： 酒销残月；魂断蒲团。

郑福田： 填词有旨；作戏无声。

【注析】

柳永是第一位专力写词的作家，既得名于词，亦得罪于词。得名则以其风流词采，深得世人追捧，大有声称于世，致令凡有井水饮处，即能歌柳词，甚且传入禁中，皇帝亦颇好其词。得罪则一因"忍把浮名，换了浅斟低唱"不得于君，一因"彩线慵拈伴伊坐"不得于相。至其自认"奉旨填词"，不复检束，亦属无可奈何之举。其《雨霖铃》"今宵酒醒何处，杨柳岸，晓风残月"，有点有染，佳句难得。

李渔为明清之际大作家，亦为思想斗士。观其无意仕进，游历四方，开设书铺，编刻书籍，交结名流，纵肆文场，固为一时健者。因其创作大量戏剧作品，且于戏剧理论建树甚高，后人以戏剧之王称之。所著《闲情偶记》，堪称生活艺术大全，休闲百科全书。系非常纯粹之文化精品。而其《肉蒲团》专写情色，不惟毫不隐晦，甚至刻意夸大，故为世人垢病。李渔另有《无声戏》，取与有声戏相对之意，表现惩恶向善主题。李渔自言："窃怪传奇一书，昔人以代木铎。因愚夫愚妇识字知书者少，劝使为善，诫使勿恶，其道无由，故设此种文词，借优人说法，与大家齐听。谓善者如此收场，不善者如此结果，使人知趋避，是药人寿世之方，救苦驱灾之具也。"

柳永李渔，于我国文学，开辟拓展之功不可没。

王勃 ｜ 天鹅

【吟和】

范先生： 序留杰阁；卵孵越鸡。

郑福田： 三株宝树；一偶精禽。

【注析】

"初唐四杰"，王杨卢骆，王勃称首。杨炯心有不平，乃曰"愧在卢前，耻居王后"。卢前之愧，是其自谦，而王后之耻，当为心声。尽管如此，实无害于王为四杰翘楚也。观其"三尺微命，一介书生"，登滕王之杰阁，著盖世之鸿文，下笔洋洋洒洒，不能自休，竟夺宿构之席，乃得千古之望，要须具何等手眼，何等气格，方能有此！《旧唐书》载："勃六岁属文，构思无滞，词情英迈，与兄勔、勮才藻相类，父友杜易简常称之曰：此王氏三株树也。"

李商隐有"拨弦警火凤，交扇拂天鹅"句，此应系天鹅一词最早见于诗者。天鹅精禽，毕生一偶，不离不弃，终身不渝。若一方死去，一方则为之持其节守。雌者孵卵，雄者警戒森严。亦有雌雄替换孵卵者。于子嗣，呵护亦极周备。为护其卵、巢、幼雏，能与狐狸、猛禽作殊死斗。

折扇 | 枕头

【吟和】

范先生： 凉来东岛；梦比南柯。

郑福田： 风怀摇也；静夜凉其。

【注析】

《南齐书》："褚渊以腰扇障日。"有谓此腰扇即折叠扇者。准此，折扇应出现于南北朝。北宋有文献载，市井中所制折叠扇，展之广尺三四，合之止两指许，此言宋时已流行矣。另有谓折扇来自日本者。北宋年间，日本商人僧侣使节将折扇作为礼物或商品携入中华。北宋端拱元年（988），日本嘉因和尚觐见宋太宗，代表其师奝然献折扇22把，以奝然曾与太宗相熟故。果如此，则是"凉来东岛"也。

传李煜入宋，宋太祖因曲燕命其举平生所得意诗句，煜即诵其《咏扇》云："揖让月在手，动摇风满怀。"太祖曰："满怀之风，却有多少？"后乃谓李煜为"好一个翰林学士！"李煜系咏团扇，而动摇风怀，用以写折扇亦大好句，故移用之。

唐沈既济《枕中记》写卢生不遇于时，吕翁乃以青瓷枕与之。卢就枕，乃出将入相，列鼎而食，选声而听，族昌家肥，位极人臣。待其醒来，蒸黍未熟，触类如故。俗以"黄粱梦"称之。梦比南柯者，言枕中之梦，其境界意蕴与淳于棼槐安国中之南柯大梦相近。

李清照写《醉花阴》，际遇尚属安定，虽有"玉枕纱厨，半夜凉初透"之语，然犹未免"强说愁"之嫌。其结句"人比黄花瘦"，亦有讨人怜口吻。至其夫死身嫠，国破家亡，只身流落，不知所从，所言"守着窗儿，独自怎生得黑"，则真凄神怆骨矣。境遇之不可掩也如此。

魏徵 ｜ 张居正

【吟和】

范先生：　襄扶圣主；可惜名臣。

郑福田：　十思谏主；一相匡明。

【注析】

　　有唐一代，论盛世则贞观开元。贞观为兴盛奠基，位置尤为重要。魏徵一代名臣，襄扶太宗，有所兴革，皆合时势，犯颜直谏，不避不隐，有时大忤圣意，至太宗盛怒，扬言会须杀此田舍翁，亦未尝稍易其辙。其《谏太宗十思疏》，居安思危，痛下针砭，忠诚谋国，可与日月齐光。《魏郑公谏录》《贞观政要》两书，存其伟烈丰功甚悉。是此老不但图形于凌烟阁上也。

　　张居正一代名臣，万历时任首辅。钟异姿，膺殊宠。履鼎贵之位，树震世之声。实行新政，功绩卓卓。论者以其功绩比于秦之商鞅，谓其奇迹般令北疆化干戈为玉帛，延有明几十年国祚，使神运鬼输亦难为谋之财政趋于好转。而其改革赋税、整顿吏治，则更有成效。当国十年，鞠躬尽瘁，一相匡明，传非虚语。孰料死后，人亡政息，不久即被抄家，官秩尽行削去，生前所蒙恩典，并皆追夺，且以罪状示于天下。家人或饿死或流放，尸身亦险遭鞭辱。可惜有为之臣，下场如此，令人齿冷。

　　魏徵张居正，俱为名臣。一则流芳百世，一则人亡政息，以所遭不同，时势有异。

《范曾画传》|《离骚》

【吟和】

范先生： 春风省识；楚水沉悲。

郑福田： 抱冲溢彩；吟楚同风。

【注析】

邵盈午作《范曾画传》，从人文渊薮、初露圭角、梦魇神州、实至名归、芳馨远播、大道无私、万乐之源几个阶段表现范曾先生之行谊成就。此正如杜甫《咏怀古迹》所言之"画图省识春风面"也。朱熹《伊洛渊源录》言："朱公掞见明道于汝州，逾月而归。语人曰：'光庭在春风中坐了一月。'"范曾先生别署抱冲斋主，"抱冲溢彩"言先生一代书画大师，名满海内外，而具大隐之怀，且关心民瘼，注重精神位育，其风标气格必将流溢于将来，光耀于史册也。

屈原作《离骚》，志洁物芳，而乃信而见疑，忠而被谤，终竟怀沙自沉，以表其九死不悔之心志，至今楚水，犹载深悲。黄伯思言："盖屈宋诸骚，皆书楚语，作楚声，纪楚地，名楚物，故可谓之楚辞。"后人将《离骚》与《国风》并称"风骚"。《宋书·谢灵运传论》："原其飚流所始，莫不同祖《风》《骚》。"苏舜钦《奉酬公素学士见招之作》诗："留连日日奉杯宴，殊无闲隙吟风骚。"毛泽东《沁园春·雪》词："唐宗宋祖，稍逊风骚。"此所谓"吟楚同风"也。

编辑 | 木雕

【吟和】

范先生：　意存字外；形在柯中。

郑福田：　剪修来作；刊刻出林。

【注析】

　　编辑之义古矣，最早之编辑，谓顺其次第，编列简策。秦韬玉《贫女》诗中有"苦恨年年压金线，为他人作嫁衣裳"语，代人作嫁，持以言编辑较为妥切。然而编辑亦非完全被动，在选题立项诸多方面，编辑自有其眼光，自有其独立独到的持守与把握。剑气霞光，有在剑招与云形之外者。好的编辑，心思意志亦在所从事之文字之外。编辑对于文稿实有剪裁之力与扶植栽培沃灌之功。所谓"栽培剪伐须勤力，花易凋零草易生"。

　　柯者，草木之枝茎也。木雕作者，雕前百般措意，反复蕴酿，而甫一着刀，其形即现于柯枝柯干之上，是神预象外而形在柯中也。刊削亦雕刻之法。出林者，一谓雕刻之树木出于林间，一谓斯木有不同于常木，系林中异样杰出者。雕刻择木，自然常理，固自无庸费辞。

　　推敲文字，雕刻林木，均以才能技艺，成就品物文章之美。

椅｜云

【吟和】

范先生： 南唐无席；西蜀有人。

郑福田： 正襟坐此；画栋飞其。

【注析】

椅原名胡床。宋高承《事物纪原》引《风俗通》云："汉灵帝好胡服，景师作胡床。"此系胡床之始。亦名"马扎"，其称今犹有用者。从古至隋，我国坐俗皆席地而跪。汉有榻与胡床输入，而榻仅供跪坐，胡床所用场合亦特殊且有限。唐时方可椅坐。后唐明宗时始有靠背之椅。宋代出现交椅，是权力之象征。人在交椅上，必也正襟危坐。南宋秦桧坐交椅，头向后仰，巾帻坠地，京兆尹吴渊为其装上荷叶托背，人称"太师椅"。

王勃《滕王阁诗》云："滕王高阁临江渚，佩玉鸣鸾罢歌舞。画栋朝飞南浦云，珠帘暮卷西山雨。闲云潭影日悠悠，物换星移几度秋。阁中帝子今何在，槛外长江空自流。""画栋飞其"，其者，南浦之云也。"西蜀有人"，言扬雄也。扬雄字子云。刘禹锡《陋室铭》中有"南阳诸葛庐，西蜀子云亭"句。

蒲团 | 茶

【吟和】

范先生： 思空即坐；物圣成经。

郑福田： 禅深藉尔；茶苦称何。

【注析】

"空"系佛教教义，音译舜若。用以表述非有非存在的基本概念。般若经系统之大乘思想，以空为理论基础：《心经》"照五蕴皆空"，"色不异空，空不异色，色即是空，空即是色"，"诸法空相"，"空中无色"皆是。"思空即坐"，言蒲团之用也。藉，衬垫也。"禅深藉尔"，言于蒲团上悟深禅也。

经者，经典之谓也。我国古代十三经，皆称国之典要。而茶乃有陆羽之《茶经》存焉。果因茶为圣物，须有经以传之乎？抑因茶为日用，不可缺乎？

禅茶一味。茶旧称荼苦，启功先生有诗云："今古形殊意不差，古称荼苦近称茶，赵州法语吃茶去，三字千金百世夸。"

烟 | 湖

【吟和】

范先生： 诗思若篆；雁影浮人。

郑福田： 柳营孰染；潭镜未磨。

【注析】

香与烟之烟缕，以其飘渺如卷曲回环之篆字，人以烟篆称之。诗思飘渺无端，袅袅娉娉，不绝如缕，来不知所自，去不知所归，行于所当行，止于所不得不止，大有类于烟篆之象。故可以烟篆状诗思，而亦可以诗思若篆喻烟也。

柳常笼烟，故素有烟柳之称。见诸诗词较早者，则有唐张仲素《春游曲》："烟柳飞轻絮，风榆落小钱。"此外如烟柳满皇都，烟柳风丝拂岸斜，烟柳画桥，风帘翠幕，烟柳断肠处，柳阴直，烟里丝丝弄碧，杨柳篆烟浓，皆世所熟知喜爱之佳句。能染杨柳营阵者，唯烟而已。

湖平如镜，乃常用形容湖面无波之语。故湖有以潭镜、镜湖、鉴湖称者。张孝祥词写湖水，有"玉鉴琼田三万顷，着我扁舟一叶"句，宜其有表里俱澄澈之慨。刘禹锡《望洞庭》："湖光秋月两相和，潭面无风镜未磨。遥望洞庭山水翠，白银盘里一青螺。""潭镜未磨"指此。唐萧翼《宿云门东客院》有"风吹叠巘云头散，月照平湖雁影低"之句。湖上雁影，过而不留，要足增其情致。

霜飞雨霁，晴阴明晦，烟光湖水，均富变化。

斗室 | 墨

【吟和】

范先生： 扬雄不陋；即水成章。
郑福田： 处方容膝；书则研君。

【注析】

　　宋王明清《玉照新志》："因揭寓舍之斗室，屏迹杜门，思索旧闻。"鲁迅亦曾言："身处斗室之中，神驰宇宙之外。"斗室言室小如斗。扬雄子云亭，固斗室也。然以其有所述作，故不觉其小陋。刘禹锡以之写入《陋室铭》，遂致蜚声天下。有道君子，涵泳诗书，胸次宽博，绝不因贫富而别树阶级，所谓君子忧道不忧贫。士志于道，而耻恶衣恶食者，未足与议。衣敝缊袍，与衣狐貉者立而不耻。陶渊明《归去来兮辞》"倚南窗以寄傲，审容膝之易安"，言室堪容膝，便可安居。亦安贫乐道者。"处方容膝"本此意也。李清照号易安居士，亦出于此。

　　墨为书具。无墨无以作书。而墨必待水，不则无以成色。墨即得水，则可润毫濡笔，纵肆驰驱，自然成其殊彩华章。旧时无墨汁，墨须就砚，和水研之。故云"书则研君"。墨色之沉浮浓淡，关乎书者大矣！

刘禹锡 | 豹

【吟和】

范先生： 安其陋室；眩以金钱。

郑福田： 排云诗鹤；印背文泉。

【注析】

刘禹锡，中唐诗人。素怀大志，正直无私曲。性情品节，向称高格。参与王叔文政治集团，因遭贬谪。方其历难而回，见看花者归，乃有"玄都观里桃千树，尽是刘郎去后栽"之慨。复被遣，历多年归，更有"种桃道士知何处，前度刘郎今又来"句。白居易怜其久谪，作诗赠之，中有"亦知合被才名折，二十三年折太多"句。刘答诗乃有"沉舟侧畔""病树前头"之语。其为人豪放如此。白居易曰："彭城刘禹锡，诗豪者也。其锋森然，少敢当者。"刘有诗写秋，一反悲秋格调："自古逢秋悲寂寥，我言秋日胜春朝。晴空一鹤排云上，便引诗情到碧霄。""排云诗鹤"出于此。刘有《陋室铭》，言其心志。其所挟持者大，不知口体之奉不如人也。

豹身有文，若金钱状。"眩以金钱"与"印背文泉"，皆言此也。旧多以玄豹成文指隐居或才华出众。所谓"豹文忽变，蔚然以姿"也。

玄豹文隐，禹锡才高。

文章 | 金钱

【吟和】

范先生： 惟难者简；最忌乎贪。

郑福田： 司马两擅；邓通尤多。

【注析】

作为文章，能写得丰富，写得充实，固属不易；而能写得简明，写得中其肯綮，更为难能。常见有下笔千言，离题万里者，亦有如博士买驴，书券三尺，不见驴字者。是皆不能中肯，不能简约之病。此言简，非苟简也，而系由繁而返之简也。"惟难者简"，正如同"欲造平淡难"一般。赵之谦论画，有"学由博反约，画由繁而简。丈夫无其难，无取悦俗眼"，此言绘画，而与为文之理相通。

旧有"文章西汉两司马"之说，两司马者，一为创作《史记》之司马迁，一为擅长词赋之司马相如。汉时文章固司马氏擅胜场，两者出，当时文坛之能事毕矣。

金钱作为流通工具与交换工具，在生产和生活中起着不可或缺之作用。有人甚至以之为养命之源。西晋鲁褒作《钱神论》，述金钱之种种情形，风趣幽默，语含褒贬，大有深意。面对金钱，最忌者自是贪婪。有人一逢钱货，不禁手之舞之，足之蹈之。平日寤寐思服，既见则顶礼膜拜。而人一涉贪婪，必多鄙吝之气，于是百弊集身，入于魔道，终至于无可解脱。邓通，西汉文帝宠臣，因广开铜矿而富甲天下。

文章精神无价，金钱生活所需，于中可参"君子固穷"之理。

仿八大山人（山水） 137cm×69cm 2006年

华清池 | 瀛台

【吟和】

范先生： 常期赐浴；永绝承恩。

郑福田： 恩深浴后；法变留前。

【注析】

华清池，亦名华清宫，南依骊山，北临渭水，以温泉汤池著称。周秦汉隋唐诸代，均为行宫别苑。唐玄宗时有赐浴华清之习。杜甫《自京赴奉先县咏怀五百字》"瑶池气郁律，羽林相摩戛。君臣留欢娱，乐动殷胶葛。赐浴皆长缨，与宴非短褐"，是赐浴于簪缨也；郑嵎《津阳门诗》"暖山度腊东风微，宫娃赐浴长汤池。刻成玉莲喷香液，漱回烟浪深透迤"，是赐浴于宫娃也；白居易《长恨歌》"春寒赐浴华清池，温泉水滑洗凝脂"，是赐浴于杨妃也。"恩深浴后""常期赐浴"者，皆言李杨事，指杨妃"新承恩泽"，并期"永承恩泽"。

瀛台始建于明，是帝王、后妃听政、避暑和居住地，位于中南海南海中小岛上。因四面临水，亭台楼阁参差衬映，有如海中仙岛，故名瀛台。戊戌变法失败，光绪帝幽禁于此，变法事皆在被留滞于此之前发生。"永绝承恩"，言慈禧与光绪事。

华清池与瀛台，一始生事变，一结束革新，有关历史走向，岂仅居所而已。

华清池 | 瀛台

【吟和】

范先生： 开元流韵；戊戌落骸。

郑福田： 承欢出此；困帝入斯。

【注析】

唐代有贞观之治，一因太宗英挺杰出，为拨乱反正之主。一因举国上下，共同望治，其心殷切，如大旱之望云霓。复因乱后萧条，国力民生，凋敝至极，而太宗一朝君臣，每相警惕，不敢骄纵荒佚，终成治世。逮至玄宗朝，社会富庶，玄宗亦励精图治，因成开元盛世。于是则骄惰之意生而祸乱之阶起矣。"开元流韵"者，言玄宗在开元末宠幸杨玉环，天宝初册之为贵妃，演出了一幕帝王之风流韵事，而其地则往往在骊山华清池。"一骑红尘妃子笑，无人知是荔枝来"，"骊宫高处入青云，仙乐风飘处处闻"，"春寒赐浴华清池，温泉水滑洗凝脂"，皆写此事。

戊戌变法，始于光绪颁布《明定国是》诏，止于慈禧复垂帘听政，前后103天，故称百日维新。考其失败之因，一则皇帝体弱多病，机警严毅本自不足，又于太后积威之下，不足当此大任。一则康有为无名义无地位，无法操控全盘。一则政令太骤，全变速变，未合时势。而保守势大，足以反扑颠覆。变法以光绪帝被幽禁于瀛台落骸。戊戌六君子同日就戮，而康梁则逃亡海外。

华清池与瀛台，一结束盛唐，一断送晚清，居上位者兴革进退，至于日用常行，皆不可轻忽。

褒禅山 ｜ 骊山

【吟和】

范先生：　志成由力；朝骥于骄。

郑福田：　生险远论；有华清池。

【注析】

　　《游褒禅山记》是王荆公之名篇。述其游此山之感悟甚详："夫夷以近，则游者众；险以远，则至者少。而世之奇伟瑰怪非常之观，常在于险远，而人之所罕至焉，故非有志者不能至也。"此所谓"生险远论"。"有志矣"，"然力不足者亦不能至也"此所谓"志成由力"。荆公此文，尚有有志与力，却随以怠，亦不能至；有志有力，不随以怠，然幽暗昏惑而无物以相之，亦不能至等数层义。

　　骊山，古今驰名，风景殊胜，因系西周时骊戎居地，故称骊山。亦有言因其山形似青苍之骊驹而得名者。《古迹志》云：骊山"崇峻不如太华，绵亘不如终南，幽异不如太白，奇险不如龙门，然而三皇传为旧居，娲圣既其出冶，周秦汉唐以来多游幸。离宫别馆，绣岭温汤，皆成佳境"。骊山发生过多次历史事件，而有三大事件，关乎国运，影响至巨。一为周幽王烽火戏诸侯。二为唐玄宗与杨玉环纵其欲望，致使安史乱生，国运陵夷。三为张学良杨虎城于此兵谏蒋介石。前二件事皆因国君骄奢淫佚而起。"有华清池"，看来只写尽人皆知之事实，然因有华清池，乃生乱政隳朝之事，是犹匹夫无罪，怀璧其罪也。

　　褒禅崇尚志力以达险远，骊山耽溺逸乐以倾国家。二山真可为世之铭戒。

杜甫 ｜ 观音

【吟和】

    范先生： 吟伤秋兴；播爱夏莲。

    郑福田： 吟诗成史；诵号济人。

【注析】

  《秋兴八首》系杜甫寓居夔州时所作之一组七律。诗从夔州写起，感秋寄兴，由心系长安，至直写时事，忧时伤乱，不能自已。思想艺术，均居中国七言律诗之最高峰。世称杜甫为"诗史"，以其心存君国，志切道义，且又身当动乱，精于诗道。以故虽写个人情志，日常生活，进退出处，兴衰穷通，亲戚悲欢，友朋契阔，而其关心之际，取舍之间，皆足为当时国家安危、民生休戚之历史写照。杜甫于诗，有其自觉。所谓"但觉高歌有鬼神，焉知饿死填沟壑"是也。曹丕尝言："年寿有时而尽，荣乐止乎其身，未若文章之无穷。"质之杜甫生前身后，信哉斯言！

  "莲"与佛教关系甚密，可谓即莲即佛。佛之世界，处处莲花。佛祖诞生，八种瑞相，池生白莲，舌放莲花皆是也。而诸多圣洁，皆以莲花为喻。至西方极乐世界，亦以"莲邦"为称。佛教教义重在解脱苦难，由此岸而济渡，终抵彼岸之极乐净土，如莲花原生污泥，而不为所染，终皎洁盛开。"比如莲花，出自污泥，色虽鲜好，出处不净。""我为沙门，处于浊世，当如莲花，不为污染。"以故，释迦牟尼佛、阿弥陀佛、观世音菩萨均坐莲花上，手执莲花。人有愿望，恒呼观音法号，以望济渡而弭灾难也。

  杜甫爱民，观音济世，佛俗两途，固自相通。

李白｜褚遂良

【吟和】

范先生：　梦游天姥；笔守绳规。

郑福田：　诗真无敌；线故有痕。

【注析】

　　李白《梦游天姥吟留别》托诸梦寐，驱遣神话传说历史故事，加以对自然山川之真实体验，上下古今，尽情挥洒，创造出亦真亦幻、亦虚亦实、奇瑰惝恍、缤纷多彩之境界，读之如对神仙中人。杜甫《春日忆李白》诗云："白也诗无敌，飘然思不群。清新庾开府，俊逸鲍参军。渭北春天树，江东日暮云。何时一尊酒，重与细论文。"情深意至，具见交谊。

　　褚遂良于初唐四大书家中，年龄最小。书学王羲之、虞世南、欧阳询诸家，登堂入室，自成体系。方圆兼备，波势自如。李嗣真《书后品》："褚氏临写右军，亦为高足，丰艳雕刻，盛为当今所尚，但恨乏自然，功勤精悉耳。"言其守绳规，惜其少自然也。然褚书自有创格，影响远大。人以"字里金生，行间玉润，法则温雅，美丽多方"，"九奏万舞，鹤鹭充庭，锵玉鸣珰，窈窕合度"评之。刘熙载至以褚书为"唐之广大教化主"。清姚孟起《字学忆参》云："后人欲觅针线痕，必先熟习褚《圣教》。"褚《圣教》者，褚氏所临《圣教序》也。

　　李太白为诗，无法有法。褚遂良为书，循法生法。

凤凰台 | 钱钟书

【吟和】

范先生： 浮云蔽日；窥管画锥。

郑福田： 鹓雏游处；学问默存。

【注析】

《江南通志》载："凤凰台在江宁府城内之西南隅，犹有陂陀，尚可登览。宋元嘉十六年，有三鸟翔集山间，文彩五色，状如孔雀，音声谐和，众鸟群附，时人谓之凤凰。起台于山，谓之凤凰山，里曰凤凰里。"李白《登金陵凤凰台》，有"总为浮云能蔽日，长安不见使人愁"句。《唐宋诗醇》评此诗曰："崔颢题诗黄鹤楼，李白见之，去不复作，至金陵登凤凰台乃题此诗，传者以为拟崔而作，理或有之。崔诗直举胸情，气体高浑；白诗寓目山河，别有怀抱，其言皆从心出发，即景而成，意象偶同，胜境各擅。论者不举其高情远意而沾沾吹索于字句之间，固已蔽矣。"鹓雏，与凤凰同类之瑞鸟。典出《庄子·秋水》。李商隐《登安定城楼》："不知腐鼠成滋味，猜意鹓雏竟未休。"

钱钟书先生，原名仰先，字哲良，后改名钟书，字默存，号槐聚。《管锥编》序："瞥观疏记，识小积多。学焉未能，老之已至！遂料简其较易理董者，锥指管窥，先成一辑。假吾岁月，尚欲赓扬。"

钱钟书先生学养丰厚，自应置之凤凰台上。

酒杯｜兰亭

【吟和】

范先生：　能驱愁也；信可乐乎。

郑福田：　浮成孤愤；映带激湍。

【注析】

　　人言举杯饮酒，可以驱愁。曹公英武，亦生何以解忧，惟有杜康之叹；李白放旷，曾有停杯投箸，拔剑四顾之言；至于渊明天运苟如此，且尽杯中物；白傅无如饮此销愁物，一饷愁消直万金：皆为布在人口之佳句。而"捧罌承槽，衔杯漱醪；奋髯踑踞，枕麹藉糟；无思无虑，其乐陶陶。兀然而醉，怳尔而醒；静听不闻雷霆之声，熟视不睹泰山之形，不觉寒暑之切肌，利欲之感情"。此刘伶《酒德颂》中语，写酒徒形象栩栩如也。无如"抽刀断水水更流，举杯销愁愁更愁"，于是蒲松龄乃有"集腋为裘，妄续幽冥之录；浮白载笔，仅成孤愤之书"之感慨。白者，杯也。

　　兰亭系山阴道上风景佳丽去处。传因越王勾践曾植兰于此，汉时设驿亭，故名兰亭。天下驰名之王羲之《兰亭集序》于此产生。"信可乐也"，"映带激湍"，皆出于序文："仰观宇宙之大，俯察品类之盛，所以游目骋怀，足以极视听之娱，信可乐也。""清流激湍，映带左右，引以为流觞曲水，列坐其次。虽无丝竹管弦之盛，一觞一咏，亦足以畅叙幽情。"

　　兰亭雅集，曲觞流水，本与酒杯有缘。

兰亭 ｜ 酒杯

【吟和】

范先生： 晋人情愫；宋祖威风。

郑福田： 无诗大令；酌月三人。

【注析】

兰亭之会，一则举行祓祭，"修禊事也"，一则流觞曲水，饮酒赋诗。复有王羲之亲为作序。可谓尽显晋人情致。据记载，此次雅集，成诗二首者十一人，成诗一首者十五人，无诗者十六人。无诗者依例罚酒，包括王羲之之子王献之。后人曾以诗调之："却笑乌衣王大令，兰亭会上竟无诗。"乌衣，指乌衣巷。地处秦淮河南岸，三国吴戍守石头城士卒营房所在。以军士皆着乌衣，故以名巷。东晋时高门士族多居于此。王献之字子敬，小名官奴，官至中书令，人称王大令。

"宋祖威风"，言宋太祖杯酒释兵权事。宋太祖陈桥兵变，黄袍加身，已是五代兵士第四次拥立皇帝。此前唐明宗李嗣源、唐废帝潞王从珂、周太祖郭威，皆系兵士拥立。太祖得位，杯酒释兵权，改变国擅于将、将擅于兵局面，革除节度使把持地方政权之弊，实乃有鉴于前车之举。李白诗《月下独酌》："花间一壶酒，独酌无相亲。举杯邀明月，对影成三人。"

二胡｜相声

【吟和】

范先生： 悲思阿炳；谑忆宝林。

郑福田： 琴源叔夜；鼎盛酉儿。

【注析】

唐时称二胡为"奚琴"。陈旸《乐书》："奚琴本胡乐也。"宋称之为"嵇琴"。陈元靓《事林广记》："'嵇琴'本嵇康所制，故名'嵇琴'。二弦，一竹片轧之，其声清亮。"叔夜，晋名士嵇康字。曾著《声无哀乐论》，意谓非音乐中自有哀乐，乃演奏者之志有哀乐，而于音乐中透出。哀乐系人生大事，倘离开人生，更无哀乐可言。传嵇康有《广陵散》，不肯传人，与身俱没。其意当不在自傲自秘，乃在于世无可传者。

民间音乐家阿炳，原名华彦钧，系正一派道士。双目失明，衷情音乐，成就巨大。二胡曲《二泉映月》，风格哀婉，情绪清凄，是其代表作。

相声艺术始于明清，盛于当代。侯宝林是第六代演员，极负盛名，被誉为相声界一代宗师。侯宝林小名"小酉儿"，拜朱阔泉为师，赐名"宝麟"，传朱氏以遭麒麟童周信芳冷遇，发誓收徒以麒麟童为名，于是乃有李宝麒、侯宝麟、王宝童。后侯氏为消除隔阂，乃改"麟"为"林"。

二胡相声，两者皆具草根特征。

八大山人 | 王羲之

【吟和】

范先生：　泪多于墨；字胜于文。

郑福田：　雁鱼白眼；模楷兰亭。

【注析】

朱耷，明末清初杰出国画大师，朱元璋十世孙，谱名朱统𨰝，僧名传綮，"八大山人"乃其号也。自幼颖异，诗词书画俱佳。甲申国亡，于奉新山中削发为僧，为画坛四僧之一。成就卓卓。其题画诗有云："墨点无多泪点多，山河仍是旧山河。横流乱世杈椰树，留得文林细揣摹。"所画鱼鸟，白眼向天，以示不与满清合作，有"瞪眼鱼""伤心鸟"之称。

王羲之《兰亭序》，为天下第一行书，影响中国书坛，至远至深。其序文写出当时情景感慨，亦为大好文章。然若持此文章与书法比，则字固胜于其文。明项穆《书法雅言》："抑自周秦以后，逸少以前，专尚篆隶，罕见真行。简朴端厚，不皆文质两彬；缺勒残碑，无复完神可仿。逸少一出，会通古今，书法集成，模楷大定。""模楷兰亭"出此。

天姥山 ｜ 李清照

【吟和】

范先生：　云霞明灭；红瘦绿肥。

郑福田：　太白因梦；明诚赌书。

【注析】

绍兴新昌之天姥山，本不高巍。然以文人足迹屡至，歌咏常及，故声名煊赫。谢灵运当年尝自始宁南山伐木取径，直至临海，天姥山适当其冲要。谢有诗曰："暝投剡中宿，明登天姥岑，高高入云霓，还期那可寻？"诗仙李白复有《梦游天姥吟留别》，"云霓明灭或可睹"，"我欲因之梦吴越"，皆其中好句。中国文人，每多自我肯定。"天生我才必有用，千金散尽还复来"，"长风破浪会有时，直挂云帆济沧海"皆此类。而一当挫折，便有遁迹山林之想。"安能摧眉折腰事权贵，使我不得开心颜"乃典型之表露。

李清照是大词人，对于景物自有其不同常人之赏会。昨夜风雨，宿酒未消，帘外海棠，牵其心绪。卷帘人竟云海棠依旧，是其未谙世事。而绿肥红瘦，必具柔情锐感者，方能见到说出。李清照与其夫赵明诚，学问超群，性情大雅。二人平居曾有赌书之趣事："余性偶强记，每饭罢，坐归来堂，烹茶，指堆积书史，言某事在某书某卷第几页第几行，以中否角胜负，为饮茶先后。中既举杯大笑，至茶倾覆怀中，反不得饮而起。甘心老是乡矣！"事见李清照《〈金石录〉后序》。

电视 ｜ 醉翁亭

【吟和】

　　范先生：　形存光影；意在山林。

　　郑福田：　欣其影像；翼尔临泉。

【注析】

　　1925年，英国工程师约翰·洛吉·贝尔德发明"television"，原理系利用眼睛视觉残留效应显现一帧帧渐变的静止图像，形成视觉上的活动图像。1934年，南京中央大学理学院杨简初的助手孙明经研制出中国第一套可摄像、传输、接受并播放的电视原理样机。杨简初将"电视"确定为"television"在中文中的对应名称。自电视普及，人类生活快乐多矣。

　　醉翁亭始建于北宋庆历六年（1046），因欧阳修命名并撰《醉翁亭记》而居中国四大名亭之首。四大名亭包括安徽滁州之醉翁亭、北京之陶然亭、湖南长沙之爱晚亭、杭州西湖之湖心亭。欧阳修是北宋文坛领袖，是引导唐宋古文运动走向胜利的人。是史学家、目录学家、金石考古学家、园艺学家和工艺美术家。在欧阳修笔下，醉翁亭姿态与众不同："峰回路转，有亭翼然临于泉上，醉翁亭也。"文中名句甚多，而"醉翁之意不在酒，在乎山水之间也"，点明主旨，最得后学喜爱。

三味书屋 ｜ 沈园

【吟和】

范先生： 琼承幼学；艳失飞鸿。

郑福田： 师吟怪句；陆吊遗踪。

【注析】

三味书屋是绍兴城内著名私塾。鲁迅先生少年时曾求学于此。以鲁迅《从百草园到三味书屋》而大有名。"三味"的意思，一说系"读经味如稻粱，读史味如肴馔，诸子百家味如醯醢"，一说系"布衣暖、菜根香、诗书滋味长。"鲁迅记述寿镜吾先生朗吟之怪句："铁如意，指挥倜傥，一坐皆惊呢～～；金叵罗，颠倒淋漓噫，千杯未醉嗬～～……"，出自清代刘翰《李克用置酒㴋同赋》，原句是："玉如意，指挥倜傥，一坐皆惊；金叵罗，倾倒淋漓，千杯未醉。"《幼学琼林》："叵罗乃为酒器。"琼者，美玉也。鲁迅在此学习，为其后来学问奠基。

沈园，又名沈氏园，位于绍兴市区，本系富商沈氏私家花园。因陆游与唐琬故事而大有声称。陆游初娶唐琬，一往情深，然以不当母意，被迫离异。绍兴二十一年，两人于沈园邂逅。陆游乃题《钗头凤》词于壁间，极言离索之痛，错莫之苦。传唐琬亦有和词，后竟抑郁而逝。陆游晚年数度访沈园，赋诗寄慨。有"伤心桥下春波绿，曾是惊鸿照影来"，"此身行做稽山土，犹吊遗踪一泫然"等句，读之令人心酸泪下。

沈园与三味书屋，均为绍兴名胜。陆游鲁迅，生虽异代，然皆为吾华史上之焕发大光彩者。

沈园 ｜ 三味书屋

【吟和】

范先生： 飞鸿日影；悬鹿朝吟。

郑福田： 无绵吹柳；有教镜吾。

【注析】

  陆游对于与唐琬的爱情，毕生不能忘怀。传说沈园一遇，已成千古伤心。而《钗头凤》之作，"孝义兼挚，更有一种啼笑不敢之情于笔墨之外，令人不能读竟。"《齐东野语》载："翁居鉴湖之三山，晚岁每入城，必登寺眺望，不能胜情，又赋二绝云：城上斜阳画角哀，沈园非复旧池台。伤心桥下春波绿，曾是惊鸿照影来。梦断香消四十年，沈园柳老不吹绵。此身行作稽山土，犹吊遗踪一泫然。盖庆元己未也。"庆元己未为公元1199年，是年陆游75岁。81岁时有："路近城南已怕行，沈家园里更伤情。香穿客袖梅花在，绿蘸池桥春水生。""城南小陌又逢春，只见梅花不见人。玉骨久成泉下土，墨痕犹锁壁间尘。"82岁时有："城南亭榭锁闲坊，孤鹤归来只自伤，尘渍苔侵数行墨，尔来谁为拂颓墙。"84岁时有："沈家园里花如锦，半是当年识放翁。也信美人终作土，不堪幽梦太匆匆。"

  鲁迅描写三味书屋："中间挂着一块匾道：三味书屋；匾下面是一幅画，画着一只很肥大的梅花鹿伏在古树下。没有孔子牌位，我们便对着那匾和鹿行礼。"三味书屋主人寿镜吾，"是本城中极方正，质朴，博学的人"。

扁舟 |《九歌》

【吟和】

范先生： 泽逢渔父；湘奏上皇。

郑福田： 高接范蠡；首倡东皇。

【注析】

《楚辞·渔父》："屈原既放，游于江潭，行吟泽畔，颜色憔悴，形容枯槁。"双方经一番问答，"渔父莞尔而笑，鼓枻而去，乃歌曰：沧浪之水清兮，可以濯吾缨。沧浪之水浊兮，可以濯吾足。遂去，不复与言"。枻：船舷，船桨。

《史记·货殖列传》：范蠡既雪会稽之耻，乃喟然而叹曰："计然之策七，越用其五而得意。既已施于国，吾欲用之家。"乃乘扁舟浮于江湖，变名易姓，适齐为鸱夷子皮，之陶为朱公。朱公以为陶天下之中，诸侯四通，货物所交易也。乃治产积居。与时逐而不责于人。故善治生者，能择人而任时。十九年之中三致千金，再分散与贫交疏昆弟。此所谓富好行其德者也。后年衰老而听子孙，子孙修业而息之，遂至巨万。故言富者皆称陶朱公。

《九歌》，《楚辞》篇名。系屈原据民间祭神乐歌创作而成。共十一篇：《东皇太一》《云中君》《湘君》《湘夫人》《大司命》《少司命》《东君》《河伯》《山鬼》《国殇》《礼魂》。《东皇太一》其首篇也。

弗洛伊德 | 王阳明

【吟和】

范先生： 勾魂解梦；益智合行。

郑福田： 西哲说梦，我儒唯心。

【注析】

西格蒙德·弗洛伊德，奥地利精神分析学家，著名的心理学家，精神分析学的创始人。其精神层次理论，人格结构理论，性本能理论，释梦理论，皆有较大影响。弗氏认为人类心理活动均有着严格因果关系，梦亦同之。梦并非偶然形成之联想，而是愿望之达成，是对被压抑到潜意识中的欲望的一种委婉表达。于是梦即是通向潜意识之秘道。通过解梦，可以窥见人的内部心理和潜意识中的欲望冲突。

王守仁，字伯安，浙江余姚人。阳明其号也。王氏系中国古代立德、立功、立言之楷模，系心学唯心主义之集大成者。他首度提出"心学"两字，使二程、陆九渊以来之学术统系严整明晰。王氏见解多与朱熹相异。朱将格物致知置于诚意之先，王则认为格致本于诚意。朱将心与理析而为二，把知与行分离开来，王则主张心与理一，知与行合。朱以格物为穷理，王氏则认为此系务外遗内、博而寡要，提倡以格物为正心，发挥良知作用。

弗洛伊德释魂梦，阳明先生合知行，开人心智，悟解本源。

王国维　124cm×63cm　2005年

王国维 ｜ 法乳

【吟和】

范先生： 魂消鱼藻；顶灌醍醐。

郑福田： 始分三境；长养道身。

【注析】

王国维，学术巨子，国学大师。1927年6月2日，自沉于颐和园鱼藻轩。有遗书云："五十之年，只欠一死。经此世变，义无再辱。"陈寅恪《王国维纪念碑碑文》："士之读书治学，盖将以脱心志于俗谛之桎梏，真理因得以发扬。思想而不自由，毋宁死耳。"

王国维《人间词话》："古今之成大事业、大学问者，必经过三种之境界：昨夜西风凋碧树。独上高楼，望尽天涯路。此第一境也。衣带渐宽终不悔，为伊消得人憔悴。此第二境也。众里寻他千百度，蓦然回首，那人却在灯火阑珊处。此第三境也。"

法乳谓佛法如乳汁哺育众生："正法之滋味长养弟子之法身，犹如母乳之于幼儿。"《涅槃经》卷十四云："譬如从牛出乳，从乳出酪，从酪出生苏，从生苏出熟苏，从熟苏出醍醐，醍醐最上，若有服者，众病皆除，所有诸药，皆入其中。""灌顶"，古印度新王登基，取四海之水入宝瓶中，流注新王之顶，象征新王已享有统治四海之权力。佛教引以为弟子晋级之仪式。

王国维先生脱心俗谛，显扬真知，亦中国旧学法乳也。

王羲之｜岳飞

【吟和】

范先生： 取诸怀抱；收拾山河。

郑福田： 东床坦腹；怒发冲冠。

【注析】

　　王羲之字逸少，东晋著名书法家，有书圣之称。祖籍琅琊，后迁会稽山阴，晚年隐居剡县金庭。其书法诸体兼善，影响深远。代表作《兰亭序》被誉为"天下第一行书"。与其子王献之合称二王。《兰亭序》："夫人之相与，俯仰一世，或取诸怀抱，悟言一室之内；或因寄所托，放浪形骸之外。"

　　《世说新语·雅量第六》：郗太傅在京口，遣门生与王丞相书，求女婿。丞相语郗信："君往东厢，任意选之。"门生归白郗曰："王家诸郎亦皆可嘉，闻来觅婿，咸自矜持，唯有一郎在东床上坦腹卧，如不闻。"郗公云："正此好！"访之，乃是逸少，因嫁女与焉。

　　绍兴四年秋，岳飞北伐获胜。朝廷擢升其为清远军节度使。岳飞凭栏临远，作《满江红》词以写怀抱。词起以"怒发冲冠"，结以"待从头，收拾旧山河，朝天阙"。英雄志向，壮士襟怀，发露无余。

　　王羲之取诸怀抱，岳武穆收拾山河。正气充诸内外，担荷在于文武。

山鬼｜渔父

【吟和】

范先生： 披萝带荔；执竹浮筌。

郑福田： 离忧之女；取适之翁。

【注析】

《山鬼》系屈原《九歌》篇名之一，亦是此篇所塑造之主角。《山鬼》首二句云："若有人兮山之阿，被薜荔兮带女萝。"尾二句云："风飒飒兮木萧萧，思公子兮徒离忧。"蒲松龄《聊斋自志》："披萝带荔，三闾氏感而为《骚》；牛鬼蛇神，长爪郎吟而成癖。自鸣天籁，不择好音，有由然矣。"

竹，竹器也。筌，捕鱼器，竹制，有逆向钩刺。亦为捕鱼用具之统称。执之浮之，期以得鱼。一旦得鱼，亦不可忘筌，譬犹得兔而不忘其蹄，亦犹得意而不忘其言。

岑参《渔父》诗："竿头钓丝长丈余，鼓枻乘流无定居。世人那得识深意，此翁取适非取鱼。"是皆高人高境，常人焉能望其项背。

山鬼渔父，出诸楚辞，均有特立之行。

柳 | 驴

【吟和】

范先生： 离情客舍；诗境灞桥。

郑福田： 情折千尺；恨生一蹄。

【注析】

《本草纲目》："杨枝硬而扬起，故谓之杨。柳枝弱而垂流，故谓之柳。盖一类二种也。又《尔雅》云：杨，蒲柳也。旄，泽柳也。柽，河柳也。观此，则杨可称柳，柳亦可称杨，故今南人犹并称杨柳。"柳音若留，故与送别有关。古有折柳送人之风习。王维《送元二使安西》："渭城朝雨浥轻尘，客舍青青柳色新。劝君更尽一杯酒，西出阳关无故人。"明李东阳说此诗："后之咏别者，千言万语，殆不出其意之外。"陆游《塞上曲》："老矣犹思万里行，翩然上马始身轻。玉关去路心如铁，把酒何妨听渭城！"虽温婉若有不及，而生新慷慨，则有过之。周邦彦《兰陵王》有"长亭路，年去岁来，应折柔条过千尺"等句。

《北梦琐言》载，郑綮作官后，人问："相国近有新诗否？"郑答："诗思在灞桥风雪驴背上，此处何以得之。"秦观《忆秦娥》："灞桥雪。茫茫万迳人踪灭。""骑驴老子真奇绝。肩山吟耸清寒冽。"黄慎画作题款有"诗思在坝桥驴背上"，"灞桥风云罗浮月，神韵从来淡处多"。

柳宗元作《三戒》总结变法教训，《黔之驴》写驴子因行动过早，出技以怒强，而被虎断喉食肉。

柳以修条而留行客，驴以长力而致远途。无关松柏马牛，自有高情妙境。

柳｜驴

【吟和】

范先生： 无情最是；有马则非。

郑福田： 恭貌濯尔；楚鸣恢然。

【注析】

中唐诗人韦庄，为诗凭吊六朝云："江雨霏霏江草齐，六朝如梦鸟空啼。无情最是台城柳，依旧烟笼十里堤。"台城，旧址在今南京市鸡鸣山南，系三国吴之后苑城，经东晋成帝改建，一直是朝廷台省与皇宫所在。韦诗叹息昔日繁华已成野草。

《世说新语·容止第十四》：有人叹王恭形茂者，云"濯濯如春月柳"。

《汉书·西域传》记龟兹王乐汉衣服制度，归其国，治宫室，作橄道周卫，出入传呼，撞钟鼓，如汉家仪。外国胡人皆曰："驴非驴，马非马，若龟兹王，所谓骡也。"

《世说新语·伤逝第十七》："孙子荆以有才，少所推服，唯雅敬王武子。武子丧时，名士无不至者。子荆后来，临尸恸哭，宾客莫不垂涕。哭毕，向灵床曰：'卿常好我作驴鸣，今我为卿作。'体似真声，宾客皆笑。孙举头曰：'使君辈存，令此人死！'"

箫 | 剑

【吟和】

范先生： 秦娥梦断；季札情深。

郑福田： 曾吹吴市；乃入鱼肠。

【注析】

　　传为李白所作之《忆秦娥》，中有"箫声咽，秦娥梦断秦楼月"句。此中暗用《列仙传》故事："箫史者，秦穆公时人也，善吹箫，能致孔雀、白鹤于庭。穆公有女字弄玉，好之。公遂以女妻焉。日教弄玉作凤鸣。居数年，吹似凤声，凤凰来止其屋。公为作凤台。夫妇止其上不下数年，一旦皆随凤凰飞去。"今俗有贺人新婚联语曰："银汉桥成牛女渡，春台箫引凤凰飞。"可见秦娥箫史之典在民间流行甚溥。

　　《史记·范睢蔡泽列传》："伍子胥橐载而出昭关，夜行昼伏，至于陵水，无以糊其口，膝行蒲伏，稽首肉袒，鼓腹吹箫，乞食于吴市，卒兴吴国，阖闾为伯。"

　　季札，战国吴公子，姬姓，名札，又称公子札、延陵季子、季子。以信义德行著称，至有"南季北孔"之目。《史记》吴太伯世家："季札之初使，北过徐君。徐君好季札剑，口弗敢言。季札心知之，为使上国，未献。还至徐，徐君已死，于是乃解其宝剑，系之徐君冢树而去。"

　　"乃入鱼肠"指专诸刺王僚故事。《史记·刺客列传》：四月丙子，光具酒请王僚。酒既酣，使专诸置匕首鱼炙之腹中而进之。专诸擘鱼，因以匕首刺王僚，王僚立死。左右亦杀专诸。公子光即阖闾。

　　箫之与剑，分属文武。有关烈士名人。

道 | 流水

【吟和】

范先生： 周天能识；觞羽可浮。

郑福田： 不可说也；焉能留乎。

【注析】

道教有周天之说。周天者，圆也。圆者，周而复始，连绵不断之谓也。小周天，小圆；大周天，大圆。真线之来去、曲折之往复、上下之接续、人天之交换，皆可称之为周天。

老子《道德经》第一章："道可道，非常道；名可名，非常名。"原为"道可道，非恒道。名可名，非恒名。"汉代为避文帝刘恒讳，改"恒"为"常"。据云，五代十国时冯道曾使人读《老子》，自己卧而听之。其人开卷，以第一句中"道"字犯相公讳，乃读曰："不可说可不可说，非常不可说。"冯道历事十帝，人称"十朝元老"。主持修五代监本九经，创官刻书籍之始。"因是天下书籍遂广"。于其生平节守，欧阳修、司马光、范文澜等极力贬之，范质、南怀瑾等又极力褒之。毁誉之间，真成"不可说"矣。

《兰亭序》曰："引以为曲觞流水"，是觞羽可浮也。《论语》曰："子在川上曰：逝者如斯夫，不舍昼夜。"以流水比时光，言其去而难留。后世所言如"冉冉流光不贷人，东园青杏又尝新"，"流光容易把人抛，红了樱桃，绿了芭蕉"，皆此类也。

道法周天，连贯接续。水具涛波，不舍昼夜。相合亦有符契。

梦 | 霜

【吟和】

范先生： 霞消一枕；枫冻三秋。

郑福田： 庄生化蝶；秋露凝葭。

【注析】

梦里繁华，醒时难再。千般旖旎，一枕霞消。梦境之不可持也如此。《庄子·齐物论》："昔者庄周梦为蝴蝶，栩栩然蝴蝶也。自喻适志与，不知周也。俄然觉，则蘧蘧然周也。不知周之梦为蝴蝶与？蝴蝶之梦为周与？周与蝴蝶则必有分矣。此之谓物化。"庄周大诗人，真具诗心。小小故事，无穷精义。见出于生死真幻思考之深入与夫心灵之丰富。历代文人骚客，于此多所留意寄情。李商隐诗："庄生晓梦迷蝴蝶，望帝春心托杜鹃。"特其一例也。

枫叶经霜而红，自是三秋好景。最喜马致远《秋思》之《离亭宴煞》："爱秋来时那些：和露摘黄花，带霜烹紫蟹，煮酒烧红叶，想人生有限杯，浑几个重阳节？人问我顽童记者：便北海探吾来，道东篱醉了也。"《诗经·蒹葭》写怀思伊人，阻隔千重，可望而不可及，因而思心徘徊，不能自抑其无限向往、无限惆怅情怀。诗用"蒹葭苍苍，白露为霜"、"蒹葭萋萋，白露未晞"、"蒹葭采采，白露未已"，渲染气氛，创造意境，显示时间推移，说明上下求索、追寻瞻望时间之长，感情诚笃执着、逐层深化。

思结能成梦，露凝可为霜。万物具体虽殊，均可原其终始。

茶壶 | 烟斗

【吟和】

范先生： 注诸春叶；飘出篆痕。

郑福田： 分香出腹；执柄吞云。

【注析】

晚近浙江上虞出土东汉瓷器，中有碗、壶、杯、茶盏、托具。专家认为此系世界上最早之瓷茶器。唐代饮茶风尚盛行，饮茶用盏，唐诗人多曾歌咏当时茶盏之精美。晚唐至宋盛行"点茶法"，先将茶末置于盏内，再以汤瓶注少量沸水入盏，调茶末成膏状，复持汤瓶向盏中冲注适量的沸水而成饮用之茶汤。向茶盏中冲注的动作称为"点"。此法至今仍用之。"注诸春叶"之"注"，即点茶法之遗存。"分香出腹"，言由壶而分茶于杯于盏。

香与烟之细缕，以其飘渺如回环卷曲之篆字，人以烟篆、篆痕称之。"执柄吞云"，以象执斗呼嘘之状。范曾先生曾有联语："高人如犀牛，烟云一斗爱伦堡；帝国忆罗马，兵燹半隅拜占庭。"自注云："爱氏，俄异见大作家，喜用烟斗；西罗马既灭，东罗马——拜占庭立。"福田有和联云："吐属动寰中，长霏敢比爱伦堡；声华倾宇内，伟论应传拜占庭。"又一联云："中外几高人，吞吐云烟横斗柄；门墙多雅士，瞻依海岱仰天机。"皆记一时之气象云尔。

茶壶烟斗，世之两闲侣。而茶可惠人，烟则否也。

钓鱼台 ｜ 吴作人

【吟和】

范先生： 高墙宿贵；淡墨藏珍。

郑福田： 玉渊万柳；书画兼雄。

【注析】

钓鱼台系北京市文物保护单位。位于海淀玉渊潭东。金人王郁曾于此筑高台垂钓。金朝于此建行宫。元代称玉渊潭。明代为武清侯李伟别墅。清代于湖东岸建高台，镌"钓鱼台"，台侧建行宫。后陈宝琛、傅作义皆曾居此。1959年建为国宾馆。"玉渊万柳"，系此地特有风光。

吴作人，名画家。早年攻素描、油画，间作国画，不落窠臼，富于情趣，功力深厚。晚年专攻国画，融会中西，自成体格。吴既是本世纪前五十年画家群中之重要成员，又是后几十年画坛主将之一。其承上启下之功，不可埋没。而其以强烈的艺术个性、诗化的意向、飘逸潇洒之笔墨与中国文人特有之情趣，融汇西方写实绘画艺术重视生活源泉之特质以及对形体、色彩之准确感受把握，中西并举，成就了其画作的现代意识、民族色彩和鲜明个性。杰出卓特，蔚为大国。而其书法，亦有大过人处。

柳宗元｜大雁塔

【吟和】

范先生：　一文伤世；七级摩穹。

郑福田：　远迁成戒；新进题名。

【注析】

柳宗元参与二王八司马改革，功败垂成，远迁永州，作《三戒》以总结失败教训。《黔之驴》写"出技以怒强"，总结出手过早。驴若不早踢虎，虎亦不敢妄动。《永某氏之鼠》写"窃时以肆暴"，以之喻易主前后而不知变易之肖小。《临江之麋》写"倚势而干非其类"，麋倚仗主人之势与狗往来，狗虚与委蛇。后出道上，麋终为狗所食。《三戒》是通俗文章，然各篇自有其指，且均深刻到位。不但切合二王八司马改革实际，更与今之与世俯仰者遭际相合。"一文伤世"，以其《捕蛇者说》为言。

唐永徽三年，玄奘为藏经而修建大雁塔，原称慈恩寺西院浮屠，塔身七层。岑参诗云："塔势如涌出，孤高耸天宫。登临出世界，磴道盘虚空。突兀压神州，峥嵘如鬼工。四角碍白日，七层摩苍穹。"五代王定保《唐摭言》卷三："进士题名。自神龙之后，过关宴后，率皆期集于慈恩塔下题名。"白居易有句云："慈恩塔下题名处，十七人中最少年。"

网 | 风

【吟和】

范先生： 法无疏漏；品有雌雄。

郑福田： 孔疏嗣尾；波起平池。

【注析】

老子《道德经》第七十三章："天网恢恢，疏而不失。"《魏书·任城王传》："天网恢恢，疏而不漏。"后渐演变为"法网恢恢，疏而不漏"。《孟子·梁惠王上》："不违农时，谷不可胜食也；数罟不入洿池，鱼鳖不可胜食也；斧斤以时入山林，材木不可胜用也。""孔疏嗣尾"者，即由"数罟不入洿池，鱼鳖不可胜食也"而来，言留有余地，不竭泽而渔。嗣尾指小鱼。"孔疏"，言网之孔目疏，与数罟相对。

宋玉《风赋》，设为问答，言"楚襄王游于兰台之宫，宋玉、景差侍。有风飒然而至，王乃披襟而当之，曰：快哉此风！寡人所与庶人共者邪？宋玉对曰：此独大王之风耳，庶人安得而共之！"下则言风有"大王之雄风"与"庶人之雌风"之别。南唐冯延巳《谒金门》词中有"风乍起，吹皱一池春水"句。马令《南唐书·党与传》载：延巳有"风乍起，吹皱一池春水"之句，皆为警策。元宗尝戏延巳曰："吹皱一池春水，干卿何事。"延巳曰："未如陛下小楼吹彻玉笙寒。""波起平池"指此。

网以羁控制约，风以吹拂教化。

洞 | 灯

【吟和】

范先生： 清溪何处；利剑夜挑。

郑福田： 千年七日；一主同辉。

【注析】

唐张旭《桃花溪》系借陶潜《桃花源记》意境而成者。"隐隐飞桥隔野烟，石矶西畔问渔船。桃花尽日随流水，洞在清溪何处边。"蘅塘退士说此诗"四句抵得一篇《桃花源记》"，虽有夸大之嫌，然此诗确实颇有意致。

"洞"有"洞府"意。虞喜《志林》、郦道元《水经注》、《隋书·经籍志》、任昉《述异志》均记载王质入信安山烂柯而还故事。人因有"王子（质）去求仙，丹成入九天，洞中方七日，世上已千年"之叹。

挑灯指拨动灯火，点灯，亦指在灯下。岑参《邯郸客舍歌》："邯郸女儿夜沽酒，对客挑灯夸数钱。"秦观《次韵公辟闻角有感》："秉烛何人犹把盏，挑灯有女正穿针。"辛弃疾《破阵子》有"醉里挑灯看剑"。"主"系象形字。甲骨文"主"之字形，像点燃的火把。下面是木材。小篆字形从上向下依次为火焰、油盏、灯台、灯座。主的本义是灯心。"一主同辉"，由此生出。

洞可蕴幽，灯能烛照。

浮云｜秃顶

【吟和】

范先生： 长安不见；杜甫始愁。

郑福田： 高楼乃尔；吏部如斯。

【注析】

李白诗多古体，律诗甚少。一则因其系当时最有成就之浪漫主义诗人，为诗汪洋恣肆，不受约束，如黄帝张乐于洞庭之野，无首无尾，不主故常。一则是时诗律尚在创制完善过程。然以李白不屑为律体则可，以为不能为此则不可。观其《登金陵凤凰台》，虽传系有意与崔颢黄鹤楼诗相对待而作，然精神气韵，固足以压倒当时。尾联"总为浮云能蔽日，长安不见使人愁"，由景及情，由古及今，写出怀抱叹惋，是太白亦非无时不在九霄之上也。浮云蔽日，长安不见，诚旧时有大志向、期大作为之志士仁人共所感喟者。陈子昂《登幽州台歌》可与共看。《古诗十九首》："西北有高楼，上与浮云齐。"

杜甫《春望》感伤家国，而以"白头搔更短，浑欲不胜簪"作结。韩愈《进学解》，假学生之口写自己现状："冬暖而儿号寒，年丰而妻啼饥。头童齿豁，竟死何裨。不知虑此，而反教人为？"山无草木曰童。引而申之，则有"童首""童颠"诸词。韩愈官吏部侍郎，人称韩吏部。即欧阳修所谓"翰林风月三千首，吏部文章二百年"之吏部也。

门丨除夕

【吟和】

范先生： 为宣大法；待贴新符。

郑福田： 开忧七事；守竟通宵。

【注析】

门有多义，学术思想派别乃其义项之一。开宗立派，为宣大法，必有过人之成就。且心胸襟抱，进退出处，必也坦坦荡荡。取舍之际，要当毫不苟且。

俗语有"推开门来七件事，柴米油盐酱醋茶"，元代杂剧定场诗有："早晨起来七件事，柴米油盐酱醋茶。"传唐伯虎有《除夕口占》诗："柴米油盐酱醋茶，般般都在别人家。岁末清闲无一事，竹堂寺里看梅花。"

除夕于中国传统节日中最为重要。而新桃换旧符系此节之重要标志。王安石有《元日》诗："爆竹声中一岁除，春风送暖入屠苏。千门万户曈曈日，总把新桃换旧符。"

除夕有守岁之习。苏东坡有《守岁》诗："欲知垂岁尽，有似赴壑蛇。修鳞半已没，去意谁能遮。况欲系其尾，虽勤知奈何。儿童强不食，相守应欢哗。晨鸡且勿鸣，更鼓畏添过。坐久灯烬落，起看北斗斜。明年岂无年，心事恐蹉跎。努力尽今夕，少年犹可夸。"

红豆 | 鲁迅

【吟和】

范先生： 持心采撷；荷戟彷徨。

郑福田： 相思有木；硬骨无俦。

【注析】

有关红豆记载颇多。《列异传》曰：韩凭夫妻死，作梓，号曰相思树。《搜神记》曰：宿昔之间，便有大梓木生于二冢之端，旬日而大盈抱，屈体相就，根交于下，枝错于上。又有鸳鸯雌雄各一，恒栖树上，晨夕不去，交颈悲鸣，音声感人。宋人哀之，遂号其木曰"相思树"。相思之名，起于此也。《述异记》曰：有民从征，戍秦不返，其妻思之而卒。既葬，冢上生木，枝叶皆向夫所在而倾，因谓之相思木。红豆有多种：常绿乔木红豆树，落叶乔木海红豆，台湾相思树，藤本相思树，蔬食红豆。后二种，虽藤本相思树有相思字样，实与相思无关。王维诗："红豆生南国，春来发几枝。劝君多采撷，此物最相思。"

鲁迅《题〈彷徨〉》："寂寞新文苑，平安旧战场，两间余一卒，荷戟独彷徨。"这也正是《彷徨》命名之由来。因为鲁迅看到了当时文坛的分化："有的退隐，有的高升，有的前进。"毛泽东主席说："鲁迅的骨头是最硬的，他没有丝毫的奴颜和媚骨，这是殖民地半殖民地人民最可宝贵的性格。"

红豆情柔，鲁迅骨硬。情柔至极，生死肉骨，至为坚固。骨硬若斯，挚妇将雏，未必无情。

帝高阳之苗裔兮　137cm×70cm　2012年

江淹｜浮云

【吟和】

　　范先生：　非止长恨；何曾暂留。

　　郑福田：　生花索锦；弄巧分阴。

【注析】

　　江淹字文通，南朝宋文学大家，才华横溢。以"史之所难，无出于志"，乃修《齐史》体例并《十志》，以见其才。与鲍照并为南朝辞赋高峰，所著《恨赋》《别赋》，俱称绝唱。与鲍照、徐陵、刘峻齐名，共擅骈文胜场，狱中所作《诣建平王书》，辞气激昂高亢，概见风格。诗作亦多上乘，意趣深远，卓然出于齐、梁诸家之外。江淹晚年，出于自保，文彩稍逊于前。乃有诸多说法出。钟嵘《诗品》曰："淹罢宣城郡，遂宿冶亭。梦一美丈夫，自称郭璞。谓淹曰：'我有笔在卿处多年矣，可以见还。'淹探怀中，得五色笔授之。而后为诗，不复成语，故世传江淹才尽。"《南史》江淹本传曰："淹少以文章显，晚节才思微退，云为宣城太守时罢归，始泊禅灵寺渚，夜梦一人自称张景阳，谓曰：前以一匹锦相寄，今可见还。淹探怀中得数尺与之，此人大恚曰：那得割截都尽。顾见丘迟，谓曰：余此数尺，既无所用，以遗君。自尔淹文章踬矣。"

　　浮云流荡不居，"来如春梦几多时，散似秋云无觅处"。秦观《鹊桥仙》："纤云弄巧，飞星传恨。"王维《终南山》："分野中峰变，阴晴众壑殊。"

　　文章远大，富贵浮云。

贺年片 | 岳阳楼

【吟和】

范先生： 故人寄意；先祖存文。

郑福田： 春飞信卡；楼有鸿文。

【注析】

贺年片即贺年卡，其起源说法颇多：有说始于1842年，创始者为英国传教士蒲力治；有说始于1843年，创始者为英国青年亨高尔；有说始于1844年，创始者为英国维多利亚女皇和阿拔王子。原系恭贺圣诞，限于基督教徒。后渐次推开，用以贺年。中国亦有相似传统。先秦即用竹木削成条刺以贺年节，此后官员仕绅之间，多有"投刺"者。宋代则有"飞帖"，即用名片贺节。各家门前贴一红纸袋以承放飞帖。上写"接福"。明陆容《菽园杂记》载："拜年，如东西长安街，朝官居住最多，望门投刺，或不至其门，令人投刺。"如今之贺年卡，多有故人往还，寄托情谊者。

岳阳楼与湖北武汉黄鹤楼、江西南昌滕王阁并称为江南三大名楼。始建于三国东吴时期。向有"洞庭天下水，岳阳天下楼"之誉。而范仲淹之《岳阳楼记》，为斯楼增色彩，为后辈立楷模，系天下至纯美至高尚文字。其"先天下之忧而忧，后天下之乐而乐"之襟度怀抱，激励志节操守，影响深远，千秋万代，永不磨灭。

十二生肖 ｜ 朗诵

【吟和】

范先生： 缘生翼足；响遏云霞。

郑福田： 相分奇偶；声发抑扬。

【注析】

吾国旧历纪年，以向甲、乙、丙、丁、戊、己、庚、辛、壬、癸为十天干，子、丑、寅、卯、辰、巳、午、未、申、酉、戌、亥为十二地支，干支顺序配合，得甲子、乙丑等六十种，顺序循环，六十年复归甲子。此法不仅用以计年，亦以记月日时辰。而吾国旧俗又以十二动物值年，每年一种。名为十二生肖。复将十二地支与年相配，得子鼠、丑牛、寅虎、卯兔、辰龙、巳蛇、午马、未羊、申猴、酉鸡、戌狗、亥猪。十二年一回环，逢其年者，称为本命年。十二生肖，或相披鳞角，或生具羽足。《法苑珠林》引《大集经》言："阎浮堤外，四方海中，有十二兽，并是菩萨化导，人道初生，当菩萨住窟，即属此兽护持得益，故汉地十二辰依此行也。"至其所以分配之义，则《旸谷漫录》言之颇详：子、寅、辰、午、申、戌俱阳，故取相属之奇数以为名之鼠、虎、龙、猴、狗皆五指，而马单蹄也；丑、卯、巳、未、酉、亥属阴，故取相属之偶数以为名之牛、羊、兔、猪皆四爪，鸡两爪，蛇两舌也。

善朗诵者，不唯音声朗丽，响遏行云。且抑扬顿挫，起承转合，纵放回环，切中肯要。往往能令快者掀髯，愤者扼腕，悲者掩泣，羡者色飞。

《论语》｜沐浴

【吟和】

范先生： 超凡入圣；濯足从头。

郑福田： 传承张禹；拆洗半山。

【注析】

《论语》当秦火之后，仅有口头传授之《鲁论》20篇、《齐论》22篇及从孔壁所得之《古论》21篇。西汉末年，张禹通经学，精研《论语》，因汉成帝数以经术难题相询，乃据《鲁论》，参以《齐论》，作《论语章句》上之。以张禹封安昌侯，世称《张侯论》。《汉书·张禹传》："诸儒为之语曰：'欲为《论》，念张文。'由是学者多从张氏，余家寖微。"世多以孔子为即凡入圣、超凡入圣者，而《论语》则为超凡入圣之阶梯云。

沐者，濯发也，浴者，澡身也。殷商甲骨文即有记载。《周礼》言："王之寝中有浴室。"《海录碎事》记载："汉律，五日一赐休沐，得以归休沐出谒。"南朝梁简文帝萧纲曾著《沐浴经》三卷。唐时，官吏十天一"休浣"，俗因以每月上旬、中旬、下旬为上瀚、中瀚、下瀚，瀚即浣，洗濯也。宋时已有营业性公共浴室。宋吴曾《能改斋漫录》言："公所在浴处，必挂壶于门。"

宋孙升《孙公谈圃》载，王荆公性不修饰，经岁不洗沐。衣服虽敝，亦不浣濯。与吴仲卿同为群牧判官，时韩持国在馆，三数人尤厚善。因相约每一两月即相率洗沐定力院，家各出新衣，为荆公翻，号"拆洗王介甫"。公出浴，见新衣，辄服之，亦不问所从来也。

《论语》于今人仍多教益，反复读之，身心如得甘泉润沃沐浴。

秋郊 | 隐士

【吟和】

范先生： 荒烟漫草；高节亮风。

郑福田： 肃杀原野；高居市朝。

【注析】

秋郊原野肃杀，冷净凄寒。欧阳修《秋声赋》："夫秋，刑官也，于时为阴；又兵象也，于行用金，是谓天地之义气，常以肃杀而为心。"荒烟漫草，喻空旷偏僻，冷落荒凉。欧阳修《祭石曼卿文》："奈何荒烟野蔓，荆棘纵横。"孙中山《黄花岗七十二烈士事略》序："顾自民国肇造，变乱纷乘，黄花岗上一抔土，犹湮没于荒烟蔓草间。"

胡仔《苕溪渔隐丛话后集》："余谓渊明高风峻节，固已无愧于四皓，然犹仰慕之，尤见其好贤尚友之情也。"

晋代王康琚《反招隐诗》："小隐隐陵薮，大隐隐朝市。伯夷窜首阳，老聃伏柱史。"白居易《中隐》："大隐住朝市，小隐入丘樊。丘樊太冷落，朝市太嚣喧。不如作中隐，隐在留司官。似出复似处，非忙亦非闲。唯此中隐士，致身吉且安。"后世把隐士分为三种：隐居山林，不预外事，借助自然环境之阻隔，以得清静幽隐，此为小隐隐于野，以其犹有待于环境也。市井藏龙卧虎，隐于其中，日与五行八作、三教九流相接，而能持身守志，此为中隐隐于市。位居朝廷，富贵穷通，进退出处，皆能看破，虽发谋决断有地，趋奉差遣有人，而能遁迹抱冲，泰然淡然，葆其素怀不染，是为大隐隐于朝。

秋郊景象萧瑟寂寥，正亲切于隐士气象心情。

《海外散文三十三篇》| 元旦

【吟和】

　　范先生：　已为陈迹；又见新符。

　　郑福田：　声华西渐；日月一归。

【注析】

　　《海外散文三十三篇》荟萃范曾先生在海外撰写之散文，展示其客居巴黎、负笈欧洲日本之日常生活和艺术创作，表现旅居海外时与故国山川展开之心灵对话。先生自谦已为陈迹，而声华昌于外域，情感发乎至诚，其徘徊吟赏之雅意与含咀发扬之兴会，诚一时无两也。

　　吾国元旦指夏历（农历）正月初一。《晋书》："颛帝以孟夏正月为元，其实正朔元旦之春。"是则元旦最早见于记载者。南北朝萧子云《介雅》有"四季新元旦，万寿初春朝"之记载，宋代吴自牧《梦粱录》有"正月朔日，谓之元旦，俗呼为新年。一岁节序，此为之首"之记载。"元正""元辰""元春""元朔"，皆"元旦"别称。夏朝以孟喜月（元月）为正月，商朝以腊月（十二月）为正月，周朝以冬月（十一月）为正月，秦始皇以阳春月（十月）为正月，汉武帝规定孟喜月（元月）为正月，沿用至清末。中华民国从"行夏正，所以顺农时，从西历，所以便统计"角度，使用公历，采用民国纪年，以农历的1月1日为"春节"，以公历1月1日为"新年"。1949年9月27日，第一届中国人民政治协商会议，决定采用公元纪年，岁首第一天，1月1日，称元旦。

蛇｜范曾书法

【吟和】

范先生： 能无足走；看出长年。

郑福田： 形关弩影；字有心源。

【注析】

蛇是爬行纲有鳞目蛇亚目之总称。蛇体细长，四肢退化，无可活动的眼睑，无耳孔，无四肢，无前肢带，能无足而行。蛇部分有毒，以故，人常防之。汉应劭《风俗通义·世间多有见怪》载：应彬请杜宣饮酒，"时北壁上有悬赤弩照于杯，形如蛇。宣畏恶之，然不敢不饮。"清纪昀《阅微草堂笔记·如是我闻四》："况杯弓蛇影，恍惚无凭，而点缀铺张，宛如目睹。"

范曾先生认为用杜甫形容李太白的诗"清新庾开府，俊逸鲍参军"来形容他自己的书法比较合适。他说："庾开府，庾信，南朝大诗人；鲍参军，鲍照，南朝大文人。一个清新，一个俊逸。"读他们的文章："滔滔不绝，俊秀之气，勃然于文章之中。我的书法受我的文化的影响，受我主观上对清新俊逸的那种追求（影响），我想杜甫形容李白这两句，可以讲书如其人。"心不外骛，"省却很多体内体外身内身外的好多烦恼，一个人能消除烦恼，作一个真实不虚的人，作一个痛快淋漓的人，你再写书法，那你的书法会自然而然地带给你无穷尽的快乐"。此可为"字有心源"之证。

黄山 | 范伯子

【吟和】

范先生： 何曾见岳；直上承元。

郑福田： 黟皇色易；放练相参。

【注析】

黄山，位于安徽省南部黄山市境内，原名黟山，因其峰岩青黑，遥望苍黛而得名。唐玄宗信奉道教，以轩辕黄帝曾炼丹于此，故改"黟山"为"黄山"。此天宝六年事也。徐霞客登临黄山，有"薄海内外，无如徽之黄山。登黄山，天下无山，观止矣"之语。后因有"五岳归来不看山，黄山归来不看岳"之说。"何曾见岳"，即此为言也。

范当世，字肯堂，伯子其号也。清同治、光绪年间诗坛巨擘，与陈散原齐名。陈散原高度称许范伯子，认为"苏黄以下，无此奇人"。范伯子有诗云："我与子瞻为旷荡，子瞻比我多一放。我学山谷作遒健，山谷比我多一练。惟有参之放练间，独树一帜非羞颜。径须直接元遗山，不得下与吴王班。""直上承元"，谓"径须直接元遗山"也；"放练相参"，谓"惟有参之放练间，独树一帜非羞颜"也。"放练相参"之"相"，于此系"相与"义，而以"形相"之义与"色"对。

范伯子于当时诗坛之地位，譬之地理，应如黄山。

项羽 | 庐山

【吟和】

范先生： 鸿门剑影；会上刀光。

郑福田： 三机铸错；一瀑开先。

【注析】

项羽作为楚汉相争主角，在历史上声名赫赫。司马迁说他当豪杰并起之时："乘势起陇亩之中，三年遂将五诸侯灭秦，分裂天下而封王侯，政由羽出，号为霸王，位虽不终，近古以来未尝有也。"鸿门宴是项羽一生重要节点，故事布在人口。

后人对项羽评价甚多，观点人人言殊。司马迁言其失败在于自矜功伐，刘邦言其失在用人而疑："项羽有一范增而不能用，此其所以为我擒也。"杜牧言其失在不能包羞忍辱："胜败兵家事不期，包羞忍耻是男儿。江东子弟多才俊，卷土重来未可知。"王安石言其失在不能得民心："江东子弟今虽在，肯与君王卷土来。"毛泽东主席认为项羽有三个错误，一是鸿门宴不听范增之计放走刘邦，二是恪守鸿沟之约，三是建都徐州。在诗中，毛泽东则指出项羽的"沽名"要不得："宜将剩勇追穷寇，不可沽名学霸王。"

庐山是历史名山、文化名山。素有"匡庐奇秀甲天下"之誉。瀑布是庐山重要景观，主要有三叠泉瀑布、开先瀑布、石门涧瀑布、黄龙潭和秀峰瀑布、王家坡双瀑和玉帘泉瀑布等。庐山瀑布常见诸诗人吟咏。而庐山会议则在中国当代史上影响巨大。

峨眉山 ｜ 吴道子

【吟和】

范先生： 行人日少；下笔风长。

郑福田： 峰出西极；带如我玄。

【注析】

　　峨眉山居中国四大佛教名山之列，系普贤菩萨的道场，位于四川省乐山市之峨眉山市境内，向有"秀甲天下"之誉。李白有诗叹其高峻，"蜀国多仙山，峨眉邈难匹"，"峨眉高出西极天"。白居易《长恨歌》写玄宗入蜀道经峨眉之感觉，有"黄埃散漫风萧索，云栈萦纡登剑阁。峨嵋山下少人行，旌旗无光日色薄"诸句。一时感触心情，均借景物发抒。

　　吴道子，唐代画家。人重其艺，尊为吴生。玄宗爱赏，赐名道玄。光裕后学，世推画圣。至民间画工，则径以祖师称之。为画兼收博采，张旭知章之书，公孙大娘之剑，皆能取为师法。擅神鬼山水鸟兽草木等，尤精佛道人物，笔迹疏落，气势豪峻。发奇出异，百无一同。迨其大成，运笔如有神助，且点划之间，时见缺落，得笔不周而意周之妙。后人以之与僧繇并称，名为"疏体"。高篇巨作，往往成于顷刻间。守其神，专其一，笔势圆转疏宕，而所画衣带，能显风长，直欲随体飘拂，凌空飞举，向有吴带当风之目。苏东坡尝言："画至吴道子，古今之变，天下之能事毕矣。"

　　峨嵋山秀，道子风玄，各擅胜场。

金融风暴 ｜ 菩提达摩

【吟和】

范先生： 千帆争覆；一苇可航。

郑福田： 牛熊顿化；象马恒昌。

【注析】

美国次级房地产按揭贷款、房贷证券化、投资银行异化、金融杠杆率过高、信用违约掉期、对冲基金缺乏监管，这一系列环节连环相扣，形成金融泡沫之螺旋体与生长链。2008年9月，其中一环破灭，便如多米诺骨牌，演变成美国乃至世界之金融危机。金融危机到来，如同飓风卷过大海，千帆争覆，惨不忍睹。股市有牛有熊有平衡。牛市，也称多头市场，指市场行情普遍看涨，延续时间较长的大升市。熊市，也称空头市场，指行情普遍看淡，延续时间相对较长的大跌市。平衡市则指通常所说的牛皮偏软行情，是一种股价在盘整中逐渐下沉的低迷市道。金融危机，造成股市大幅动荡甚至崩盘，此所谓"牛熊顿化"也。

菩提达摩，意译为觉法。生于南天竺，刹帝利族，传为香至王第三子。南朝梁武帝时航海至广州。后至建业见梁武帝。面谈不契，一苇渡江。至北魏都城洛阳，卓锡嵩山少林寺。面壁九年，传衣钵于慧可。出禹门游化终身。自称佛传禅宗第二十八祖，是中国禅宗的始祖。被尊称为"东土第一代祖师"。传达摩曾以己身此后去处遭遇请教其师般若多罗，师告以偈语："跋山涉水又逢羊，独自急急暗渡江。可爱东土双象马，二珠嫩桂久昌昌。""象马恒昌"出此。

急就章｜鹣鲽情深

【吟和】

范先生： 飞文可待；往事堪怀。

郑福田： 词文无复；翼目每联。

【注析】

急就章有多义。一指西汉元帝时，史游以草书所作童蒙识字之书《急就章》。因篇首有"急就"二字而得名。《急就章》一千三百九十四字，无一复字，内容质实，文词奥涩。涉及名物礼乐等诸多方面，如一部小百科。二指用凿印法刻出的印章。此类印章印文错落自然，流行于汉魏晋南北朝时。相传军中官职往往任命仓促，印信则仓促凿成，相沿成习，故称"急就章"。三指事物之速成。"飞文可待"即用此义。

"鹣"系比翼鸟，一目一翅，需与同类比翼，方能飞翔。"鲽"系比目鱼，潜卧海底，双眼生于身体同一侧，需与同类相偕，方能游走。白居易《长恨歌》有"在天愿作比翼鸟，在地愿为连理枝"。贺人新婚有联语云："比目佳鱼同铺水，双栖好鸟共枕山。"人多用鹣鲽情深，形容相爱之人如比翼之鸟或比目之鱼，久久相依，不可分离。恩爱夫妻，感情深挚，发乎至诚，一生以之，无怨无悔，自然往事堪怀。"翼目每联"，特言其比目比翼之和美形象也。

鹣鲽情深｜急就章

【吟和】

范先生：　芙蓉花在；鹦鹉赋成。

郑福田：　李杨私语；袁虎捷才。

【注析】

李杨指唐明皇李隆基与杨玉环。《杨太真外传》记杨玉环回忆往事：昔天宝十载，侍辇避暑骊山宫。秋七月，牵牛织女相见之夕，上凭肩而望。因仰天感牛女事，密相誓心：愿世世为夫妇。言毕，执手各呜咽。此独君王知之耳。因悲曰："由此一念，又不得居此，复堕下界，且结后缘。或为天，或为人，决再相见。好合如旧。"此即《长恨歌》所言："临别殷勤重寄词，词中有誓两心知。七月七日长生殿，夜半无人私语时。在天愿作比翼鸟，在地愿为连理枝。天长地久有时尽，此恨绵绵无绝期。"

祢衡《鹦鹉赋》序曰："时黄祖太子射，宾客大会。有献鹦鹉者，举酒于衡前曰：祢处士，今日无用娱宾，窃以此鸟自远而至，明慧聪善，羽族之可贵，愿先生为之赋，使四座咸共荣观，不亦可乎？衡因为赋，笔不停缀，文不加点。"刘义庆《世说新语·文学》载："桓宣武北征，袁虎时从，被责免官。会须露布文，唤袁倚马前令作。手不掇笔，俄得七纸，殊可观。"是祢衡袁虎，为文皆能急就，世以捷才目之。

李鸿章 ｜ 菊花

【吟和】

范先生： 依然北斗；果见南山。

郑福田： 合肥曾赏；同瘦易安。

【注析】

　　李鸿章，淮军创始人，洋务运动倡导者，晚清重臣。日本首相伊藤博文认为李氏系大清帝国中唯一有能耐可和世界列强一争长短之人。"依然北斗"，以其在历史上之影响为言。李鸿章才智过人，抱负远大，乙丙之际，初次会试落榜，以年家子拜于曾国藩门下，与曾氏朝夕过从，讲求义理之学，受命编校《经史百家杂钞》，大得曾氏器重。曾氏一再称其才可大用，并将他与门下同时中进士之郭嵩焘、陈鼐、帅远铎并称为"丁未四君子"。寄望甚为深切。李鸿章系安徽合肥人，世人以李合肥称之。"合肥曾赏"，即指李合肥得到曾国藩氏赏识。

　　菊花系中国名花，有三千多年之栽培历史，深得国人赏爱。诗词书画等传统文学艺术形式多有以菊花为题材者。陶渊明"采菊东篱下，悠然见南山"，写采菊东篱，无意见山，偶然抬头，心与物遇，从而物我两忘之境界，已成千古名句。而李清照《醉花阴》结句，以黄花写一时心绪，"莫道不销魂，帘卷西风，人比黄花瘦"，既贴切显示词人之外在形象，亦暗示其深刻爱情体验、复杂爱情心理及折磨她而又支撑她之相思愁苦，恰切传神，不露不俗，耐人寻味。李清照，号易安居士。

曾国藩 ｜ 梅花

【吟和】

范先生： 红毛授首；寒蕾看枝。

郑福田： 垂世文正；报春雪香。

【注析】

曾国藩，湘军之父，晚清中兴四大名臣之一。其军事政治，才能功过，进退出处，世人评价甚多。至其文章学术，成就亦称卓卓。其为文继承桐城派方苞、姚鼐，而能不为拘牵，独出旗鼓，创立"湘乡派"。讲求声调铿锵，以包蕴不尽为能事。观其所作，深宏骏迈，一扫桐城枯淡之弊，大有汉赋气象。严复、林纾、谭嗣同、梁启超，文章声口，均能看出曾氏之流衍。曾氏书法亦有大成就。论书不拘南北界限，主张兼采众长。其书法乾坤大源之说，与其书法理论系统，在书界发生重要影响。曾氏谥文正，此为人臣极美的谥号。"垂世文正"，言其文章传世，泽被广大，良非虚语。

梅花绝类离伦，凛然有风节。方其老干虬枝，独立莽苍，迎霜傲雪，姿态杰出，固已压倒群芳。而寒蕾数点，着于枝上，气韵风标，卓荦迈俗，摇曳之际，赏会之间，亦非凡花所可梦见。毛泽东诗有"俏也不争春，只把春来报"，领袖眼界，诗人才情，具见于二句中。而王安石《梅花》诗"墙角数枝梅，凌寒独自开。遥知不是雪，为有暗香来"，则写尽梅花香色，令人沉醉含咀，心向往之。

曾国藩 ｜ 梅花

【吟和】

　　范先生：　斯是作宰；可以为妻。

　　郑福田：　为人八本；逊雪三分。

【注析】

　　曾国藩是旧所称"三不朽"人物，是封建官吏之楷模。多方面建树卓卓，远迈常流。曾氏湖南省双峰县荷叶堂之府宅，名为八本堂。《曾国藩全集·家书》咸丰十一年三月十三日《谕纪泽、纪鸿》："吾教子弟不离八本、三致祥。八者曰：读古书以训诂为本，作诗文以声调为本，事亲以得欢心为本，养生以少恼怒为本，立身以不妄语为本，治家以不晏起为本，居官以不要钱为本，行军以不扰民为本。三者曰：教致祥，勤致祥，恕致祥。"此外，曾氏还有三不信与四要诀：三不信即不信僧巫，不信地仙，不信医药；四要诀为勤、俭、孝、友。

　　梅花品洁物芳，故深得有气节之士人与喜幽居且遁世无闷者之喜爱。宋初林逋，通经术，有学问，性恬淡，孤高自好，不慕荣利。自谓："吾志之所适，非室家也，非功名富贵也，只觉青山绿水与我情相宜。"世传其终生不仕不娶，惟喜植梅养鹤，隐居孤山，"以梅为妻，以鹤为子"，人称"梅妻鹤子"。今有人考证，林逋有爱情，有婚姻，有子嗣，且支系绵延。"梅妻鹤子"只言其情性雅致而已。

　　宋卢梅坡《雪梅》："梅雪争春未肯降，骚人搁笔费评章。梅须逊雪三分白，雪却输梅一段香。"

大成至圣先师孔子像　365cm×145cm　2008年

《论语》｜沐浴

【吟和】

范先生： 拓开正学；拧出清凉。

郑福田： 忠恕一贯；发肤重新。

【注析】

  《论语》是孔子弟子及其再传弟子记录其言行之作。孔子是我国开办私学教育且大量招收学生的第一人。他将五十年生命，消磨在教育上。留下了一份丰厚遗产，播衍百代，其泽不斩。孔子弟子三千，身通六艺者七十二，是其私学教育当时之成果。而对后世教育，孔子更有着特殊贡献：他主观上以"有教无类"为原则招收学生；他率先提出"庶—富—教"理论；他从追求实现"仁道""天下为公""大同世界"出发，提出培养贤能的士、君子，培养能安百姓的统治者；他规定系统教学内容，"子以四教，文行忠信"，并把学习内容分为四科，"德行，言语，政事，文学"；他提倡知行联系、学思结合，注重启发式教学，注重学习和兴趣结合，有意识地因材施教；他本人学而不厌，诲人不倦，循循善诱；他的私学，尊师爱生，热心向道，蔚成风气。

  孔子对曾参说："参乎，吾道一以贯之。"曾子解释说："夫子之道，忠恕而已矣。"

  旧时，沐和浴是两回事，沐者，濯发也，浴者，澡身也。既沐且浴，拧出清凉，自然发肤重新。

苏格拉底 | 烛台

【吟和】

　　范先生：　以鸩为酒；含泪承光。

　　郑福田：　教如助产；心可擎明。

【注析】

　　苏格拉底，古希腊著名思想家、哲学家、教育家，西方哲学奠基者。与他的学生柏拉图以及柏拉图学生亚里士多德并称古希腊三贤。苏格拉底被雅典法庭以引进新神和腐蚀雅典青年思想之罪名判处死刑。苏氏本有逃亡机会，然一因逃亡会破坏雅典法律权威，二因逃亡后雅典将再无好导师教育人们，因而选择饮毒酒死去。临死之际，从容镇静，谈笑自如。据说苏格拉底被处死前，有朋友非常悲伤："我亲爱的苏格拉底，我是多么不希望你被如此不公正地处死啊！"苏格拉底平静地说："朋友，难道你希望看到我被公正地处死吗？"

　　苏格拉底说过："问题是接生婆，它能帮助新思想的诞生。""我不是给人知识，而是使知识自己产生的产婆。"他认为，尽管人们自己不清楚，然而人们心上确实原就怀有知识之胎。苏氏提倡教者应该像一个"助产婆"，帮助别人产生知识。而其助产术，则集中表现在其特有的"诘问式"教学方法上。

　　烛台指带有尖钉或空穴以托住蜡烛之照明器具。有时也指烛台上的蜡烛。蜡烛燃烧，自然产生烛泪，所谓"蜡炬成灰泪始干"也。

柏拉图｜海

【吟和】

范先生：　思接永恒；岸连天际。

郑福田：　分科创首，以水吞天。

【注析】

　　柏拉图为苏格拉底之弟子，亚里士多德之老师。学有源流，于斯为重。柏氏认为世界由"理念世界"和"现象世界"组成。理念世界真实存在，永恒不变。而现实世界，仅系理念世界之微弱影像，由现象组成，各种现象因时空诸因素表现出暂时变动等特征。自然界有形物流动，构成有形物之"形式"或"理念"永恒不变。

　　柏拉图系西方教育史上第一个建立完整教育体系者。认为人的一切知识皆由天赋而来，教学目的是为了恢复人固有知识，教学过程则是"回忆"理念之过程。柏氏吸收发展智者"三艺"及斯巴达军事体育课程，总结雅典教学实践经验，提出"四科"，即算术、几何、天文、音乐，此四科后成为古希腊课程体系主干，长期支配欧洲中高等教育。

　　林则徐有名联云："海到无边天作岸；山登绝顶我为峰。"岸连天际，境界雄深若此。曹操诗："东临碣石，以观沧海。水何澹澹，山岛竦峙。树木丛生，百草丰茂。秋风萧瑟，洪波涌起。日月之行，若出其中；星汉灿烂，若出其里。"能得大海之神，涵星涌日，卷地吞天，千载之下，犹自令人叹为观止！

西湖｜潘天寿

【吟和】

范先生： 妆宜浓淡；霸见纵横。

郑福田： 分潭印月；筑阁存诗。

【注析】

西湖美景，甲于天下。古今诗人，形诸歌咏，篇什甚丰。苏轼《饮湖上初晴后雨》诗后二句："欲把西湖比西子，淡妆浓抹总相宜。"以西子比西湖，兼有比喻拟人双重效果：西湖西子，均具内在美质，均不依赖人为修饰，而均能呈现变化无穷之形态。西子无论淡扫蛾眉，还是浓施粉黛，无不风姿绰约。西湖无论春晴秋雨，抑或月夕风晨，同样千姿百态。

三潭印月是西湖最著名景色。宋人王洧《湖山十景》之《三潭印月》诗云："塔边分占宿湖船，宝鉴开奁水接天。横玉叫云何处起，波心惊觉老龙眠。"

潘天寿是国画大家。初学吴昌硕，后取法石涛、八大，为画为论，颇饶霸气。其个性气质与弘一法师所赠偈语"学无古人，法无一可，竟似古人，何处着我"十分相契。吴昌硕尝惊叹潘氏"年仅弱冠才斗量""天惊地怪见落笔"。亦因其笔路过于险绝，而为之深忧极患："只恐荆棘丛中行太速，一跌须防堕深谷。"潘氏于此皆有反省，而未尝轻易其辙。他有印语曰"强其骨"，曰"一味霸悍"。强调要以骨力胜，以骨气胜。若将潘氏画作与齐白石画作相比，前者给人以震动，后者给人以亲切，前者勃发精神张力与豪气，后者洋溢生活情采与趣味。潘氏有《听天阁画谈随笔》《听天阁诗存》《听天阁诗賸》。

和氏璧 | 新疆

【吟和】

范先生： 司马幽土；牧羊天山。

郑福田： 潜光楚野；蕴玉昆冈。

【注析】

和氏璧后有连城璧之称，以蔺相如完璧归赵故事。当其潜光楚野，卞和得之以献，竟两刖其足，是宝物沉埋，识者不易得也。中国固有重玉之传统。子贡问孔子："敢问君子贵玉而贱珉，何也？"孔子曰："昔者君子比德于玉焉。温润而泽，仁也；缜密以栗，知也；廉而不刿，义也；垂之如坠，礼也；叩之，其声清越以长，其终绌焉，乐也；瑕不掩瑜，瑜不掩瑕，忠也；孚尹旁达，信也；气如白虹，天也；精神见于山川，地也；圭璋特达，德也；天下莫不贵者，道也。《诗》云：'言念君子，温其如玉。'故君子贵之也。"

新疆北有阿尔泰山山脉，中有天山山脉，南有昆仑山脉，天山以北为北疆，有准噶尔盆地，天山以南为南疆，有塔里木盆地。人言"三山夹两盆"。天山南北，土地广平，水草丰茂。有脍炙人口之歌云："我们新疆好地方，天山南北好牧场。"

著名美玉和田玉，产于号称"万山之祖"之昆仑山。童蒙读物《千字文》中有"金生丽水，玉出昆冈"句。李斯《谏逐客书》曰："今陛下致昆山之玉，有随和之宝。"现存用和田玉制作时代最早之玉器，出自殷墟妇好墓。

鱼 ｜ 都江堰

【吟和】

范先生： 浮筌思钓；筐石以拦。

郑福田： 脱渊不可；分水难能。

【注析】

筌，竹制捕鱼器，有逆向钩刺。亦用为钓鱼用具之统称。《庄子·外物》："筌者所以在鱼，得鱼而忘筌；蹄者所以在兔，得兔而忘蹄。"

《老子》云："鱼不可脱于渊。"此常理也。人恒浮躁，不能收其放心，譬犹鱼脱于渊，久矣不知其弊。至于周天星历，无所萦怀；花谢水流，了不介意。日徒晦明，月自盈亏，恍如丝毫无预人事。错误夥矣，违忤无数。一周天通，一番受用。认真读书，深入思考，不滞不碍，静心涤虑，与天地精神往还，则凡百烦恼可除，一切贪欲可去。放心收而人天定，人天定而精气舒。如此，虽欲不长生多乐，亦不可得也。

都江堰位于四川省成都灌口镇，是全世界迄今为止，年代最久、唯一留存、以无坝引水为特征的宏大水利工程。系秦蜀郡太守李冰父子主持修建。鱼嘴分水堤、飞沙堰溢洪道、宝瓶口进水口是主体工程。鱼嘴将岷江水流一分为二，西边称为外江，沿岷江顺流而下；东边称为内江，流入宝瓶口。内江狭而深，外江宽而浅。枯水季节六成江水流入内江，保证成都平原生产生活用水；洪水来临，大部分江水从江面较宽之外江排走，达到既可分洪减灾，又可引水灌田，变害为利之目的。飞沙堰采用竹笼装卵石办法修建。

青花瓷 |《春秋》

【吟和】

范先生： 苍天映色；古史知年。

郑福田： 釉元烧彩；书法责贤。

【注析】

青花瓷属釉下彩瓷，系中国瓷器主流品种之一，又称白地青花瓷，简称青花。青花瓷于唐宋已有烧制，至元代景德镇湖田窑臻于成熟。明代青花成为瓷器主流。清康熙时是其顶峰期。有青花五彩、孔雀绿釉青花、豆青釉青花、青花红彩、黄地青花、哥釉青花等衍生品种。

《春秋》系我国编年体史书。编年体史书以时间为中心，依序记述史事。所谓"以天时记人事"。刘知几《史通》言其优劣甚详："夫《春秋》者，系日月而为次，列时岁以相续，中国外夷，同年共世，莫不备载其事，形于目前。理尽一言，语无重出。此其所以为长也。""其有贤如柳惠，仁若颜回，终不得彰其名氏，显其言行。故论其细也，则纤芥无遗；语其粗也，则丘山是弃。此其所以为短也。"

所谓"春秋书法"，也称"春秋笔法"，即"微言大义"，指在记叙中暗寓褒贬。经学家认为孔子修《春秋》，每用一字，必寓褒贬。左丘明曾说："《春秋》之称，微而显，志而晦，婉而成章，尽而不污，惩恶而劝善，非贤人谁能修之？"《史记·孔子世家》记载：孔子在位听讼，文辞有可与人共者，弗独有也。至于为《春秋》，笔则笔，削则削，子夏之徒不能赞一词。弟子受春秋，孔子曰："后世知丘者以《春秋》，而罪丘者亦以《春秋》。"《新唐书·太宗本纪赞》："《春秋》之法，常责备于贤者。"欧阳修《与高司谏书》："《春秋》之法，责贤者备。"

请柬 | 相册

【吟和】

范先生： 忧愁风雨；可惜流年。

郑福田： 无成不速；有可端详。

【注析】

中华民族，礼义之邦。婚丧嫁娶，友朋往还，节庆典礼，不可忽也。一旦接获请柬，必得前往酬应。于是时也，惟盼天朗气清，来去攸宜。至亲至敬，既接请柬，忧愁风雨，固其常也。昔辛弃疾招刘过饮酒，刘以风雨，不能赴约，乃成《沁园春》（寄辛承旨。时承旨招，不赴），词以"斗酒彘肩，风雨渡江，岂不快哉"始，而假以香山居士、林和靖、坡仙老相留滞为名，结以"须晴去，访稼轩未晚，且此徘徊"，成一段词坛佳话。此有请柬而不能赴会者。倘无请柬而自来，则为不速之客矣。《周易·需》："有不速之客三人来，敬之终吉。"速者，邀请也。

相册收留旧时影像。他年对此，反复端详，必见人日益老，像仍旧贯，自然生出岁月流逝，年华老大，韶华渐去，功业无成之慨。辛弃疾《水龙吟·登建康赏心亭》有"可惜流年，忧愁风雨，树犹如此"。《世说新语》：桓温北征，经金城，见年轻时所种之柳皆已十围，慨然曰："树犹如此，人何以堪！"攀枝执条，泫然流泪。庾信《枯树赋》："昔年种柳，依依汉南。今看摇落，凄怆江潭。树犹如此，人何以堪。"

玻璃 | 伪币

【吟和】

范先生： 涂汞为镜；破符成真。

郑福田： 着窗得月；无处探花。

【注析】

镜子一般是在玻璃反面增加一层反射光线之镀膜形成。最初人们先在玻璃上贴以锡箔，然后倒上水银，因水银能够溶解锡，变成一种黏稠之银白色液体"锡汞齐（剂）"，"锡汞齐"粘于玻璃上，即可成镜。如今人们利用特殊化学反应"银镜反应"制作镜子。最近又有铝镜，即在玻璃上用蒸腾之法镀上一层极薄的铝而成。

花开花谢，草长莺飞，自然界的诸种变化无不牵系人们的生活。过去人们用纸糊窗，见月不能分明。而用了玻璃，无论是一点明月窥人，还是守窗待月，自然清晰得多了。

钱币本是约定之符信。伪币破符成真，危害社会，正自匪浅。而造伪币者，举动跋踬，无处探试，无处花销，以其心怀鬼胎故也。"探花"旧为科举功名，指南宋以后科举考试殿试一甲第三名。殿试取中的前三名进士，分别称为状元、榜眼、探花，合称三鼎甲。探花本于唐之探花使。唐代新进士榜公布后，在曲江举行盛大宴游，以最年少者为探花郎，与登第名次无关，仅为戏称而已。此处之"无处探花"，则指作弊者无处试探花销其伪币。

寒流 | 李贺

【吟和】

范先生： 天边来雪；囊里藏诗。

郑福田： 真能砭骨；直欲呕心。

【注析】

寒流即寒潮。北极地区常年冰天雪地。值冬季寒冷程度加剧，大范围冷气团受高空大气环流作用，大规模南侵，形成寒潮。寒潮入侵我国途径有：西路，从西伯利亚西部进入我国新疆，经河西走廊向东南推进；中路，从西伯利亚中部和蒙古进入我国，经河套地区和华中南下；东路，从西伯利亚东部或蒙古东部进入我国东北，经华北南下；东路加西路，东路冷空气从河套下游南下，西路冷空气从青海南下，常在黄土高原东侧，黄河、长江之间汇合。

李贺是我国天才诗人。为诗奇特瑰伟，不同凡响。在中国诗坛上独树一帜，影响远大。"骚之苗裔"、"直以声情动今古"、"真与供奉（李白）为敌"、"大历以后，解乐府遗法者，惟李贺一人"、"天纵奇才""论长吉每道是鬼才，而其为仙语，乃李白所不及"，皆古今大家对李贺之评价。鲁迅、毛泽东亦皆激赏其诗。李贺为诗刻于撰语，浑于用意，穿幽入仄，惨淡经营，李商隐《李长吉小传》云：恒从小奚奴，骑距驴，背一古破锦囊，遇有所得，即书投囊中。及暮归，太夫人使婢受囊出之，见所书多，辄曰："是儿要当呕出心乃已尔！"上灯与食，长吉从婢取书，研墨叠纸足成之，投他囊中。非大醉及吊丧日率如此，过亦不复省。

苏东坡 ｜ 雾

【吟和】

范先生： 问天把酒；贴地看花。

郑福田： 愿儿愚鲁；当面湿迷。

【注析】

苏东坡的名字，在艺术的王国里，代表着一种美的风范和美的精神。苏文磅礴如海，苏诗变幻渊深，苏书烂漫纯古，苏画意韵超逸，苏词指出向上一路，新天下之耳目。面对苏东坡这一文化史上的伟人，这一天地奇观，这一说不完的话题，我们感觉如同行走在山阴道上，草树烟云，目不暇接。苏东坡是性情中人，对于人世间的一切真纯的情感都非常重视，人间的一切亲情，包括夫妻之情，兄弟之情，朋友之情，他都不能忘怀，他明知月有阴晴圆缺，人有悲欢离合，此事古难全，但仍要写作词篇，问天把酒，追求亲情关系的完美，追求人际关系的和谐。苏东坡一生纵横逸才，却屡遭贬谪。故其《洗儿诗》曰："人皆养子望聪明，我被聪明误一生。惟愿孩儿愚且鲁，无灾无难到公卿。"此东坡愤激之词，岂由衷之言欤？！

贴地看花，雾中常态。当面湿迷，一时真感。杜甫诗："春水船如天上坐，老年花似雾中看。"那英歌曲："雾里看花，水中望月，你能分辨这变幻莫测的世界。"皆以雾中看花之未能分明也。

光阴 | 塔

【吟和】

范先生： 浮生一度；屹立丛林。

郑福田： 白驹过隙；多宝凌空。

【注析】

　　光阴指明亮与阴暗，白昼与黑夜。后以其指日月推移，表示时间岁月。光阴不为人生暂留，功名盖世，终将老去，文章炳焕，未可长生。故江淹有"明月白露，光阴往来"之句，颜之推有"光阴可惜，譬诸流水"之喻，高情逸韵若李白者，亦未免"夫天地者，万物之逆旅。光阴者，百代之过客。而浮生若梦，为欢几何"之感慨，马致远《夜行船·秋思》："百岁光阴一梦蝶，重回首往事堪嗟。今日春来，明朝花谢，急罚盏夜阑灯灭。"说得何等明白透彻。李煜《乌夜啼》："世事漫随流水，算来一梦浮生。"更是切身有感之言。诚如《庄子·知北游》所说："人生天地之间，若白驹过隙，忽然而已。"虽然，要当及时奋发，有所作为。不则百岁光阴，真成浪度也。

　　塔系佛教建筑物。原为葬佛舍利之所。因有七宝装饰，故称宝塔。《法华经·见宝塔品》："尔时佛前有七宝塔，高五百由旬，纵横二百五十由旬，从地踊出住在空中。种种宝物而庄校之，五千栏楯，龛室千万，无数幢幡以为严饰，垂宝璎珞，宝铃万亿而悬其上。"佛教多数僧众聚居的处所叫丛林。《大智度论》卷三："僧伽，秦言，众多比丘一处和合，是名僧伽；譬如大树丛聚，是名为林。"后泛称寺院为丛林。宝塔多屹立于寺院中。

王国维 ｜ 镌刻

【吟和】

范先生： 缘词发话；与石为仇。

郑福田： 自沉雅化；每篆华章。

【注析】

王国维于中国国学，贡献巨大，一时无出其右，世所共知。其《人间词话》，系晚清以来最有影响之词学著作。《人间词话》虽因袭中国旧有之诗话体裁，而其内容与其范围，则新意迭出。王氏以深厚之学养，敏锐之感觉，接受西方美学与批评方式之影响，撰作此书，一扫词坛评论之陈陋风气，洵为词学研究之圭臬，影响至为深远，不但词学领域而已。

王国维"少年才气骏发，中年蓬勃外铄，晚年大器宏深"，不但视学术为自我生命，亦视学术为国家民族命脉之一绪。五十一岁，即自沉于颐和园内昆明湖。自沉固其雅化也。视罔顾吾国之深厚文化传统，浅薄狂妄，从风逐臭之辈，果何如哉！

镌刻，雕刻也。指在石头或某种坚硬物质上刻画铭文图案。仇系形声字。从人，九声。仇的本意是配偶、同伴，故从人。九为最大数，含有极、到底之意。仇是白头偕老的伴侣，故从九声。《说文》：仇，雠也。按，谓雠也，二人相当相对之谊。《尔雅·释诂》：仇，匹也，合也。汉语中反义为训，乃引申为仇敌、仇恨义。镌刻多以石为侣，与石有相对之谊，有时与石亦若仇敌，至有恨意存焉。其结果，则华美之文彩出焉，有华美文彩之印章亦成焉。

松 ｜ 李白

【吟和】

范先生： 三生寄寿；五岳寻仙。

郑福田： 龙蛇清影；诗酒谪仙。

【注析】

　　松鹤介寿延年，吾华传统。三生指前生、今生、来生，源于佛教的因果轮回学说。传李源与僧圆观同游三峡，见妇人引汲，观曰：其中孕妇姓王者，是某托身之所。更约十二年后中秋月夜，相会于杭州天竺寺外。是夕观果殁而孕妇产。及期，源赴约，闻牧童歌《竹枝词》："三生石上旧精魂，赏月吟风不要论。惭愧情人远相访，此身虽异性长存。"源因知牧童即圆观之后身。此故事流传极广。辛弃疾曾用"龙蛇影""风雨声"写松树，亦常见之语典。

　　李白是盛唐气象代表，盛唐天才大合唱领唱者，当时诗坛高音部中坚。读他的诗，如同透视他那丰富充盈的灵魂。在天马行空不受羁勒的诗中，他那个性中力求有所作为乘风破浪的一面，那昂扬兴起英发踔厉的一面，那天才炳焕意气纵横的一面，那一切都明朗化，虽有挫折，但经历奋斗挣扎、嬉笑怒骂，终归向上的一面，都得到了淋漓尽致的展现。他的诗，强烈地撼动人的心魄，撼动人的精神，使人因之色动神飞。李白自视甚高，且喜漫游，自称"五岳寻仙不辞远，一生好入名山游"。杜甫《饮中八仙歌》谓"李白斗酒诗百篇"，贺知章则称李白为"谪仙人"。

古贤｜邮票

【吟和】

范先生： 必传懿德；能递殊音。

郑福田： 良可崇也；是能信焉。

【注析】

古贤即古代贤人。《后汉书·方术传》:"方之古贤,实有伦序。"曹植《上责躬应诏诗表》:"以罪弃生,则违古贤夕改之劝。"懿德,美德。《诗·大雅·烝民》:"天生烝民,有物有则。民之秉彝,好是懿德。"《传》:"烝:众;物:事;则:法;彝:常,懿:美也。"《笺》云:"秉:执也。天之生众民,其性有物象,谓五行,仁义礼智信也;其情有所法,谓喜怒哀乐好恶也;然而,民所执持有常道,莫不好有美德之人。"邦有古贤,良可崇敬,必传懿德,以泽后昆。此吾华所以重教化而敦礼仪也。

邮局邮递较之青鸟赤鲤,雁足烽火,进步不知凡几。邮票系邮递所用之符信,亦邮资之符信,此发明于通信业厥功至伟。世界上最早邮票是黑便士,中国最早邮票是清朝大龙邮票。邮票不但保证邮品及时准确递送收取,更以其自身之方寸空间,体现国家地区之历史、科技、经济、文化、风土人情、自然风貌诸般特色,因而除了邮政价值之外,亦具有重要收藏价值。好的邮票,如"琴棋书画""古代书院"等,包含重要的文化信息和正大能量,所谓"能递殊音"者也。

信｜香炉峰

【吟和】

范先生：　命属青鸟；身萦紫烟。

郑福田：　今书古使；白著名诗。

【注析】

　　青鸟系神话传说中为西王母取食传信之神鸟。后以为信使的代称。《山海经·西山经》："又西二百二十里，曰三危之山，三青鸟居之。"郭璞注："三青鸟主为西王母取食者，别自栖息于此山也。"《艺文类聚》引《汉武故事》"七月七日，上于承华殿斋，正中，忽有一青鸟从西方来，集殿前。上问东方朔，朔曰：'此西王母欲来也。'有顷，王母至。"李商隐《无题》之"蓬山此去无多路，青鸟殷勤为探看"，李璟《浣溪沙》之"青鸟不传云外信，丁香空结雨中愁"，皆此义也。

　　古代，"信"大多指信使，"书"才是信。杜甫《春望》有"烽火连三月，家书抵万金"，《述怀》有"自寄一封书，今已十月后。反畏消息来，寸心亦何有"，此中所言之"书"，皆今言"信"也；《古诗为焦仲卿妻作》有"自当断来信，徐徐更谓之"，杜甫《寄彭州高三十五使君适虢州岑二十七长史参》有"诗好几时见，书成无信将"，此中所言之"信"，即今言信使也。古今词义之变，要当注意留心焉。

　　庐山香炉峰，本系天下胜景，而以李白《望庐山瀑布》诗致其名声更为显扬于天下。李诗以其精彩，及今黄发垂髫，皆能成诵，首句即"日照香炉生紫烟"也。

杖剑去国 辞亲远游　137cm×68cm　2006年

桃花｜雪

【吟和】

范先生： 伤心入扇；壮语成词。

郑福田： 阮妻绝妒；甲士来思。

【注析】

孔尚任所著之传奇《桃花扇》，"借离合之情，写兴亡之感"，是中国戏剧史上不可多得之佳作。剧中诸曲，多是伤心人怀抱："俺曾见金陵王殿莺啼晓，秦淮水榭花开早，谁知道容易冰消。眼看他起朱楼，眼看他宴宾客，眼看他楼塌了。这青苔碧瓦堆，俺曾睡风流觉，将五十年兴亡看饱。那乌衣巷不姓王，莫愁湖鬼夜哭，凤凰台栖枭鸟。残山梦最真，旧境丢难掉，不信这舆图换稿。诌一套《哀江南》，放悲声唱到老。""白骨青灰长艾萧，桃花扇底送南朝。不因重做兴亡梦，儿女浓情何处消。"

《妒记》载武阳女嫁阮宣，武绝忌，家有桃树，华叶灼耀，宣叹美之，即便大怒，使婢取刀斫树，摧折其华。真妒之绝者。

古今歌咏桃花者甚多。《诗经》有《桃夭》，旧谓写后妃之德。中有"桃之夭夭，灼灼其华"等句。世上果实品类实繁，而以桃为人所珍重。俗谓有玉桃者，服之可长生不老。及今祝寿，仍以寿桃为上品。

毛泽东主席有《沁园春·雪》，写江山胜概，领袖豪情，有词以来，经纶气象，无出其右者。《诗经·小雅·采薇》："昔我往矣，杨柳依依；今我来思，雨雪霏霏。"写征人归来，心思感慨，如在目前。《韩诗外传》云，凡草木，花多五出，雪花独六出。题外言之，是雪花真不同于凡花也。

石头｜白发

【吟和】

　　范先生：　逆缘宝玉；闲话玄宗。

　　郑福田：　听经点首；赠句羞林。

【注析】

　　石固常物，人恒见之，而未能识其妙处。原夫古之智者哲人，每多着意石兄者。《老子》曰"不欲碌碌如玉，落落如石"，《诗经》曰"我心匪石，不可转也"，皆其例也。至曹雪芹《红楼梦》起首便言，女娲氏炼石补天之时，用了所炼诸石，"单单剩了一块石头未用，便弃在此山青埂峰下。谁知此石自经煅炼之后，灵性已通"，此后便如何如何。将一块顽石经历写成旷世名著，虽借缘由于女娲，而赋情因乎品质，真足为石头世界生色。

　　《莲社高贤传》记载，东晋竺道生入虎丘山，聚石为徒，讲《涅槃经》，群石皆点头。

　　唐元稹《行宫》诗只四句，却写入了当时之复杂心情："寥落古行宫，宫花寂寞红。白头宫女在，闲坐说玄宗。"宋蒋捷《女冠子》亦有"待把旧家风景，写成闲话。笑绿鬟邻女，绮窗犹唱，夕阳西下"等动人之句。经历沧桑，心思深至，而每出之以琐细，最能令人兴感。

　　《西京杂记》载卓文君与司马相如相恋之后，"相如将聘茂陵人女为妾，卓文君作《白头吟》以自绝，相如乃止。"李白《白头吟》中有："相如作赋得黄金，丈夫好新多异心。一朝将聘茂陵女，文君因赠白头吟。东流不作西归水，落花辞条羞故林。"是古今士夫，均应有羞林之意也。

蚕 ｜ 桃花源

【吟和】

范先生： 从来自缚；究竟迷途。

郑福田： 老不如鼠；归无问津。

【注析】

《太平御览》，"蚕"不入《虫豸部》，而入《资产部》中。由此可知蚕真吾民生事之大者也。蚕吐丝作茧，大有益于世人，而吐丝之际，便将自身裹住，不能自处。喜欤悲欤，存乎一心。人有歌其吐丝与献身精神者，如南朝乐府西曲歌《作蚕丝》之"春蚕不应老，昼夜常怀丝。何惜微躯尽，缠绵自有时"，李商隐《无题》之"春蚕到死丝方尽"。亦有悯其自缚者，如白居易《江州赴忠州至江陵已来舟中示舍弟五十韵》之"烛蛾谁救护，蚕茧自缠萦"。精于蚕事者言，蚕一生经历蚕卵、蚁蚕、熟蚕、蚕茧、蚕蛾五个阶段，可谓善化者矣。而终其一生，不过五十余日。

陆机诗云："老蚕晚绩缩，老女晚嫁辱。曾不如老鼠，翻飞成蝙蝠。"

《桃花源记》系陶渊明传世名文，文章假设一段游历，写心目中之理想国度，虽有小国寡民之弊，而其不与世俗同流之态度，与全身远祸之心情，已足为熙熙攘攘利来利往者之良药。方其出离斯境，虽处处志之，终竟不复得路。是果无是境耶，是不肯与外人道耶，抑深层理会，则陶公此时，于世道人心，亦究竟无可用之良方耶？文章以"后遂无问津者"收束，桃花源始终在梦中也。

《兰亭序》| 谢公

【吟和】

范先生： 羲之兴感；白也听猿。

郑福田： 行书绝代；著齿登云。

【注析】

　　王羲之《兰亭序》，又名《兰亭集序》《兰亭宴集序》《临河序》《禊序》《禊帖》。内容大体记叙兰亭周围山水之美与聚会之欢愉，以及作者心中对于好景难再、生死无常之殷忧。序文结尾曰："每览昔人兴感之由，若合一契，未尝不临文嗟悼，不能喻之于怀。固知一死生为虚诞，齐彭殇为妄作。后之视今，亦犹今之视昔，悲夫！故列叙时人，录其所述。虽世殊事异，所以兴怀，其致一也。后之览者，亦将有感于斯文。"

　　人言王羲之作《兰亭序》，韶媚遒劲，谓有神助；后再书数十帧，俱不及初本。世共推为"天下第一行书"。据云《兰亭序》真本由王羲之传于徽之，徽之传七世孙智永，智永传弟子辨才，后被御史萧翼赚入库内，殉葬昭陵。存世唐摹墨迹则以"神龙本"为最著。

　　谢公屐指谢灵运登山时所着之木屐。典出《宋书·谢灵运列传》，灵运"寻山陟岭，必造幽峻，岩嶂千重，莫不备尽。登蹑常著木履，上山则去前齿，下山去其后齿。"李白《梦游天姥吟留别》中有"谢公宿处今尚在，渌水荡漾清猿啼。脚著谢公屐，身登青云梯。半壁见海日，空中闻天鸡"等句。

酒｜伶人

【吟和】

范先生： 庙堂之祭；流俗所轻。

郑福田： 饮浇垒块；倡颂承平。

【注析】

古代庙堂祭祀，向上苍祖先祈求福寿与前程，兹事体大。所谓"国之大事，在祀在戎"。酒作为祭祀重要品物，与礼相配而行，至有"五齐"、"三酒"之目。《周礼·天官·酒正》："辨五齐之名：一曰泛齐，二曰醴齐，三曰盎齐，四曰缇齐，五曰沉齐"；"辨三酒之物：一曰事酒，二曰昔酒，三曰清酒。"主持飨宴中酹酒祭神活动者称"祭"，后泛称位尊或年长者。汉魏以后，"祭酒"成为官名。现代于文化界、学术界之泰斗，亦偶有以"祭酒"称者。

《世说新语》记王逊问王忱："阮籍何如司马相如？"忱曰："阮籍胸中垒块，故须浇之。言同相如，惟有酒异。"后之借酒浇愁，借他人之酒杯，浇自家之块垒，皆本乎此。

伶人系演员之旧称。黄帝时伶伦造音乐，事见《吕氏春秋·古乐篇》，故称乐官为伶官，后将演戏之艺人亦称为伶人。旧时伶人地位低下，多被划入另册，处于社会底层，每为流俗所轻。而伶人亦多以歌颂承平为事。晚清、民国以来，社会地位有所提升，乃有被尊称为"先生""老板"者。新中国建立，演员成为人们所向往之高尚职业，演员之艺术创作也得到了普遍尊重。

梅兰芳 | 茶

【吟和】

范先生： 蓄须明志；入口清心。

郑福田： 名轩缀玉，待客惊雷。

【注析】

梅兰芳（1894-1961年），杰出京昆旦行演员，"四大名旦"之首，梅派艺术创始人。名澜，又名鹤鸣，字畹华，别署缀玉轩主人，兰芳其艺名也。梅兰芳系享有国际盛誉之表演艺术大师，以他为代表之京剧表演体系与前苏联斯坦尼斯拉夫斯基体系、德国布莱希体系并称为"世界三大表演体系"。梅兰芳先生深明民族大义。日寇占领上海，他避地香港。及至香港沦陷，他便蓄起胡须，不肯为日寇演出。本欲卖画度日，因日寇阴谋，乃有当场毁掉展览画作，不肯卖与日人之举。

茶系我国名饮。有涤虑疗渴，入口清心之效。陶弘景《杂录》云："苦茶轻身换骨。昔丹丘子、黄山君服之。"明张岱云："觉林院僧志崇收茶三等，待客以惊雷荚，自奉以萱草带，供佛以紫茸。香客赴茶者，皆以油囊盛其余沥以归。"

听梅派，品香茗，两皆清雅，有益身心。

范曾 | 兰花

【吟和】

范先生： 有才气盛；无实容长。

郑福田： 春风沐我；幽谷生君。

【注析】

　　范曾先生当代国学大家，诗词书画，领袖群伦。才高气盛，气盛言宜。所谓中充实发而为文者辉光。福田与先生相识以来，或当面请益，或信息往还，若沾时雨之化，如坐春风之中。前年中华书局出版之《和风清穆——郑福田和范曾诗词》，收入福田所作《用秋兴八首韵记余与范曾先生往还涯略》八首，中有"欲起东山安石卧。偶来六月御风飞。诗文若海今能记，人物犹龙久已违"，"学问中西沧海运，歌吹雅正柳城笛。谢家子弟蓝田玉，共坐春风证雨花"等句，是皆由衷之言。

　　屈原《离骚》有"余以兰为可恃兮，羌无实而容长"，言本以兰为可倚恃，不料徒有其表。《离骚》固如王逸所说："善鸟香草以配忠贞，恶禽臭物以比谗佞，灵修美人以媲于君，宓妃佚女以譬贤臣，虬龙鸾凤以托君子，飘风云霓以为小人"，然此中比兴，已成体系，需全文贯通方便理解。采兰佩兰象征志洁，滋兰树蕙比喻育才，无人佩兰谓贤人君子之不得用世，"兰芷变而不芳"，"余以兰为可恃兮，羌无实而容长"，则喻改恒变节者。

　　兰生幽谷，固其本性。《淮南子·说山训》云："兰生幽谷，不为莫服而不芳；舟在江海，不为莫乘而不浮；君子行义，不为莫知而止休。"

杨贵妃 | 流水

【吟和】

范先生： 倾国亡国；载舟覆舟。

郑福田： 宠能专夜；清可濯缨。

【注析】

世多以"倾城倾国"形容女子美貌。语出《汉书·外戚传下·孝武李夫人》："北方有佳人，绝世而独立，一顾倾人城，再顾倾人国。"而"倾城"最早见于《诗·大雅·瞻卬》："哲夫成城，哲妇倾城。"毛传曰："哲，知也。"《笺》云："哲，谓多谋虑也，城，犹国也。丈夫，阳也，阳动故多谋虑则成国；妇人，阴也，阴静故多谋虑乃乱国。"由此可见，"倾城倾国"，本义指女子倾覆国家。杨贵妃有倾城倾国之貌，历史上好多人认为其美貌乃是造成安史之乱之原因。

白居易《长恨歌》，以"承欢侍宴无闲暇，春从春游夜专夜。后宫佳丽三千人，三千宠爱在一身。金屋妆成娇侍夜，玉楼宴罢醉和春"，写杨贵妃独擅君宠。

《后汉书·皇甫规传》注引《孔子家语》："孔子曰：'夫君者舟也，人者水也。水可载舟，亦可覆舟。君以此思危，则可知也。'"袁宏《三国名臣赞序》曰："江湖所以载舟，亦所以覆舟。仁义所以全身，亦所以亡身。"

《孺子歌》："沧浪之水清兮，可以濯我缨。沧浪之水浊兮，可以濯我足。"孔子曰："小子听之，清斯濯缨，浊斯濯足，自取之也。"

能倾国者未必亡国，能载舟者未必覆舟。祸患起于忽微，智勇困于所溺。要在当轴秉钧，持心守志。

王昭君 | 火

【吟和】

范先生： 青留冢草；红透江花。

郑福田： 都缘彼寿，下策阿奴。

【注析】

王昭君出塞和亲，家喻户晓。杜甫《咏怀古迹》其三有："一去紫台连朔漠，独留青冢向黄昏。"

葛洪《西京杂记》载：元帝后宫既多，不得常见，乃使画工图形，案图召幸之，诸宫人皆赂画工，独王嫱不肯，遂不得见。匈奴入朝，求美人为阏氏，于是上案图以昭君行。及去，召见，貌为后宫第一，善应对，举止闲雅，帝悔之。而名籍已定，帝重信于外国，故不复更人。乃穷案其事，画工皆弃市，籍其家，资皆巨万。画工有杜陵毛延寿，为人形，丑好老少必得其真。安陵陈敞，新丰刘白、龚宽，并工为牛马飞鸟众势，人形好丑不逮延寿。同日弃市。京师画工于是差稀。《世说新语·贤媛第十九》亦载此事，唯不提画工姓名。后人多以"点破美人图"责毛延寿。崔国辅云："何时得见汉朝使，为妾传书斩画师。"李商隐云："毛延寿画欲通神，忍为黄金不为人。"曾巩云："延寿尔能私好恶，令人不自保妍媸。"唯王安石见解独特，认为"意态由来画不成，当时枉杀毛延寿"，进而曰："君不见咫尺长门闭阿娇，人生失意无南北。"更进而曰："汉恩自浅胡自深，人生乐在相知心。"

白居易《忆江南》："日出江花红胜火，春来江水绿如蓝。"

《晋书》记载，周顗弟嵩，尝因酒瞋目谓顗曰："君才不及弟，何乃横得盛名。"以所执蜡烛投之。顗神色无忤，徐曰："阿奴火攻，固出下策。"

昭君与火，本无关涉。而其身系和亲大任，远赴边塞，暖人心，结欢好，安边境，睦民众，是心真如火也。

乌龟 ｜ 庄子

【吟和】

范先生： 观纹识卦；击缶行歌。

郑福田： 着金名婿；唯我知鱼。

【注析】

龟占系吾国历史上最早术数之一，亦称龟卜。重大活动前，以火灼龟甲，观其纹裂以卜吉凶。《史记·龟策列传》："太史公曰：自古圣王将建国受命，兴动事业，何尝不宝卜筮以助善。唐虞以上，不可记已。自三代之兴，各据祯祥。涂山之兆从而夏启世，飞燕之卜顺故殷兴，百谷之筮吉故周王。王者决定诸疑，参以卜筮，断以蓍龟，不易之道也。"

唐初，内外官五品以上，皆佩鱼符鱼袋。武后天授元年改为龟符龟袋。三品以上龟袋金饰，四品银饰，五品铜饰。后世遂以金龟婿指女婿身份高贵。李商隐诗："为有云屏无限娇，凤城寒尽怕春宵。无端嫁得金龟婿，辜负香衾事早朝。"写女子心事，娇人亦复骄人。

"击缶行歌"，典出《庄子·至乐》："庄子妻死，惠子吊之，庄子则方箕踞鼓盆而歌。"惠子怪之，庄子大阐其道，且曰："人且偃然寝于巨室，而我噭噭然随而哭之，自以为不通乎命，故止也。"《尔雅》：盎谓之缶，注云：盆也。

"唯我知鱼"，用庄子与惠子游于濠梁之上事："庄子曰：鯈鱼出游从容，是鱼之乐也。惠子曰：子非鱼，安知鱼之乐？庄子曰：子非我，安知我不知鱼之乐？惠子曰：我非子，固不知子矣，子固非鱼也，子之不知鱼之乐，全矣。庄子曰：请循其本，子曰汝安知鱼乐云者，既已知吾知之而问我，我知之濠上也。"

庄子曾自称愿如神龟，曳尾于涂中。

伶人 ｜ 酒 ｜

【吟和】

范先生： 倡优所蓄；丧喜咸宜。

郑福田： 歌翻旧曲；酌对春风。

【注析】

伶人系旧时代对演艺界艺人之称呼，带有社会认识所赋予之褒贬色彩。"倡优所蓄"，言其当时之处境。

旧时之伶人为谋生计，往往出新逞奇，旧曲新翻。唐诗人"旗亭画壁"故事，既可见诗人之风流潇洒，亦可见歌者之争胜趋新。刘禹锡向有诗豪之目，于毕生功业、平常行谊中均具革故鼎新气象。其《杨柳枝词》云："塞北梅花羌笛吹，淮南桂树小山词。请君莫奏前朝曲，听唱新翻《杨柳枝》。"

酒有关乎礼仪，亦有其节制。《礼记》曰："先王为酒醴，一献之礼，宾主百拜，终日饮酒而不得醉焉。""丧喜咸宜"，言酒之用也。

旧时文雅之士，狷介之人，往往于酒寄其情绪。刘伯伦"一饮一石，五斗解酲，妇人之言，慎莫可听"，孔融《难魏武帝禁酒书》"尧非千钟，无以建太平；孔非百觚，无以堪上圣；樊哙解厄鸿门，非彘肩厄酒无以奋其怒"，皆为快饮者张目。至庾信《答王褒饷酒》诗，则述其得饮之散淡逍遥："今日小园中，桃花数树红。开君一壶酒，细酌对春风。未能扶毕卓，犹足舞王戎。仙人一捧露，判不及杯中。""酌对春风"出于此诗。

晏殊有"一曲新词酒一杯"，旧时酒与伶人，常处同一场景。

考古｜博士生

【吟和】

范先生： 为文千载；待冠四方。

郑福田： 现甄史迹；高坐春风。

【注析】

作为历史科学之组成部分，考古学根据古代人类活动遗留之实物资料，研究古代社会历史。这些实物资料，有的有文字，如刻有铭文之青铜器、石碑，刻有卜辞之龟甲、兽骨，西域发现之简牍书册。有的无文字，如化石、器物之属。考古研究者作为文章，自是"为文千载"。"现甄史迹"，系考古者学养长技之具体为用。从钱穆《国学概论》所讲甲骨文考释对学术之贡献，可见考古之重要："清儒治经，首本字义，《说文》遂为必治之书。余波衍流，及于钟鼎古籀。最近殷墟书契出，罗、王二氏为之考释，而龟甲古文之学，遂掩《说文》而上之。据此以考古礼古史，有非清儒穷经之所能到者。"

博士旧指掌管书籍文典、博通古今史事者。亦为古代学官之称。今之博士，系学位之最高等级。已经获得博士学位者，称博士；在读尚未获得博士学位者，称博士研究生。博士生入名校，从名师，闻謦欬，沾雨露，沉浸醲郁，含英咀华，学其专攻，思所独到。穷其旁搜远绍之力，奏其宏中肆外之功。若其学业毕而之四方，必也开其芳蕤，冠于时英，庶不负硕儒大师栽培剪伐之力。学而得其所，皆如坐春风中，博士则"高坐春风"也。

博士高学位，考古大文章。惟精与勤，可以任之。

《儒林外史》｜潍坊

【吟和】

范先生：　十年雨夜；一线晴空。

郑福田：　蜚声举范；法像凌霄。

【注析】

《儒林外史》作者吴敬梓，字敏轩，一字粒民，晚号文木老人，安徽全椒人。吴氏出身显宦，虽十八岁既中秀才。然于文行出处之间，极为重视，于功名富贵，向存轻鄙。乾隆元年安徽巡抚荐其应博学鸿词，吴氏托病不就。《儒林外史》系清代小说之一大成就。惺园退士论此书曰："摹绘世故人情，真如铸鼎象物，魑魅魍魉，毕现尺幅；而复以数贤人砥柱中流，振兴世教。其写君子也，如睹道貌，如闻格言；其写小人也，窥其肺腑，描其声态，画图所不能到者，笔乃足以达之。"鲁迅论此书曰："如集诸碎锦，合为帖子。虽非巨幅，而时见珍异。""范进中举"即其中铸鼎象物之精彩珍异。

潍坊位于山东半岛中部，人称"世界风筝之都"，亦有称之为"鸢都"者。因该市系国际风筝会之固定举办地。传墨子曾为木鹞，三年而成，人即以此为风筝之初始。迨及隋唐，风筝始以纸裱糊。宋时，放风筝已成风习，清明时节，百姓于郊外"放风鸢，日暮方归"，风鸢即风筝。吾旧曾有句云："众树生新色，盈城舞纸鸢，野人方献曝，榆火已催传。"风筝翔于长空，翩翻俯仰，体态百端，以象诸物。"法像凌霄"之"法"，用取法、效法义。

《儒林外史》虽曰集诸碎锦，而以一线贯穿。潍坊风筝，所向不避空阔，亦系乎一线。

达摩｜手机

【吟和】

范先生： 石前慧觉；掌上乾坤。

郑福田： 归宗一履；举指通寰。

【注析】

梁武帝天通元年，达摩始至吾华，为东土禅宗第一代祖师。面石而得慧觉，乘苇而可横江，皆其显迹神通。

禅宗传法，讲究神悟。传达摩将灭，命门人各言所得道。副曰："如我所见，不执文字，不离文字而为道。"师曰"汝得吾皮。"总持曰："我今一见，更不再见。"师曰："汝得吾肉。"道育曰："四大本空，五阴非有，而我所见，无一法可得。"师曰："汝得吾骨。"最后惠可礼拜依位而立。师曰："汝得吾髓。"端居而逝。后三载，魏宋云使西域归，遇师于葱岭，手持只履，翩翩独逝。问师何往，曰："西天去。"明帝启其圹，惟一革履存焉。

掌上握有乾坤，举指能通寰宇。手机为用，越来越大。由通话而信息，由信息而上网，由上网而微信，更有百度云等诸般支持。数年前因惊讶手机功用之巨，曾作《寰球流转》一诗，今兹取观，已然落后。分享如下："寰球流转几周赊，弹指催开灿烂花。秋水半屏临塞上，春风一键到天涯。神京雨雪心成史，大漠晴阴我是家。变化鱼龙生羽翼，图南消息动云霞。"

达摩来去东西，手机贯通时空。虽人物分异，而皆得自如自在。

请看石上藤萝月　180cm×97cm　2011年

刘义庆 ｜ 仙鹤

【吟和】

范先生： 语评人格；唳伴风声。

郑福田： 丰城盛誉；曲泽天闻。

【注析】

刘义庆，彭城人，刘宋宗室，武帝刘裕之侄，袭临川王。历任尚书省左仆射，荆州刺史，南兖州刺史，加开府仪同三司。刘氏为人恬淡寡欲，为官清正有绩。雅爱文史，门下人才称盛，著有《徐州先贤传》，编有《世说新语》《幽明录》《宣验记》诸书。《世说新语》是笔记小说中志人小说之代表作，书中以众多篇幅评论人物之品格、言语、才调、风采。文字简短隽永，殊为可观。鲁迅先生称其为"名士底教科书"。全书分三十六类，计有：德行、言语、政事、文学、方正、雅量、识鉴、赏誉、品藻、规箴、捷悟、夙慧、豪爽、容止、自新、企羡、伤逝、栖逸、贤媛、术解、巧艺、宠礼、任诞、简傲、排调、轻诋、假谲、黜免、俭啬、汰侈、忿狷、尤悔、纰漏、惑溺、仇隙。

《宋书》载："义庆幼为高祖所知，常曰：此吾家丰城也。"丰城用晋张华命雷焕于丰城掘得宝剑事。言人之才智如龙光射斗之丰城剑气也。

《诗经·小雅·鹤鸣》有"鹤鸣于九皋，声闻于野"，"鹤鸣于九皋，声闻于天"。皋，《毛传》："皋，泽也。"九皋，曲折的水泽。《郑笺》："九，喻深远也。""天，喻高远也。"曲泽可对丰城。"天闻"此处意义是声闻于天，而借用为"如天般隆裕之声闻名望"，以与"盛誉"对。

或居显位而有盛誉，或处幽隐而得天闻。名士仙禽，处有异同，闻誉要自难泯。

车｜冰

【吟和】

范先生： 犹怀秦轨；不语夏虫。

郑福田： 贯如流水；清若玉壶。

【注析】

《文选序》曰："椎轮为大辂之始。"是车之制作，前有椎轮，后出大辂。《淮南子》云："见彼飞蓬，而知为车。"是车之为形，有所仿拟，有所因依。《史记·秦始皇本纪》载："一法度衡石丈尺，车同轨，书同文。"是车之轨制，地有其殊，而秦一之。

车为日用，可见奢俭。汉名将马援之女为东汉明帝皇后，有鉴于外戚弄权，祸乱家国，始终俭朴自奉，约束外家。明帝崩，章帝继位，马皇后为太后。章帝两度欲封赠太后外亲，太后以诏固辞，中有"吾为天下母，而身服大练，食不求甘，左右但著帛布，无香薰之饰者，欲身率下也。以为外亲见之，当伤心自敕，但笑言：'太后素好俭'。前过濯龙门上，见外家问起居者，车如流水，马如游龙，仓头衣绿补褠，领袖正白，顾视御者，不及远矣。故不加谴怒，但绝岁用而已，冀以默愧其心。""贯如流水"本此。贯，连贯不绝。

《庄子·秋水》："井蛙不可以语于海者，拘于虚也；夏虫不可以语于冰者，笃于时也。"

南朝诗人鲍照的《代白头吟》以"直如朱丝绳，清如玉壶冰"起首，唐王昌龄《芙蓉楼送辛渐》之"洛阳亲友如相问，一片冰心在玉壶"，虽为世所熟知，然固在其后也。

鞭 | 盆景

【吟和】

范先生： 长驱潮海；俯视江山。

郑福田： 策其狗马；笼尔天峰。

【注析】

马固家畜中极神骏者，方其集群成队，而加以长鞭，令其驰骤，气势奔涌，雄阔壮观，真如长驱潮海。昔曾为吾友石玉平《烈马追风》影集配诗词数十首，其中颇多写此气象之句："低吟宛曲，长嘶激越，壮声滂沛经行路。正八骏，险阻从容渡。都来眼底，茫茫海若长原，翾翾神龙翔鬈。""气吞荒岭，席卷层冰，都道真汗血。浑不记、来从何处，住向何方，仰露餐风，诸多鳞屑。石公有约，三冬为伴，清辉炯炯天心月。且殷勤，写尔卓如骨。喟然叹曰：忍教短壁颓垣，束缚世间英物。""骊黄雾隐，大野茫茫，正险夷相接。向前路、龙腾虎掷，鼻息干云，鬃尾飞扬，一旦争发。"

"策其狗马"用后汉名臣朱震之典。史载，朱震字伯厚，性刚烈。初为从事，奏济阴太守单匡赃罪，并连匡兄中常侍车骑将军超。三府谚曰："车如鸡栖马如狗，疾恶如风朱伯厚。"由此见人心正直，所驭之马，纵不入神骏之列，亦自具威严。鞭以竹制，故旧称策。韩愈"执策而临之"是也。

盆景源于中国。迄今所见最早之实物证据，系唐代章怀太子墓甬道东壁所绘侍女手托盆景壁画，该墓建于706年。而盆景一词，则最早见诸明代屠隆之《考盘馀事》。盆景分为山水盆景与树木盆景。山水盆景或小巧工致，或荒朴苍茫，而皆可以"俯视江山"，即出云接天之峰，亦可"笼而有之"。唐柳宗元《钴鉧潭西小丘记》："丘之小不能一亩，可以笼而有之。"

一鞭策驱潮海，一盆囊括江山。巨细动静之间，世之真意存焉。

枯木｜酒怀

【吟和】

范先生： 春荣不再；身世犹存。

郑福田： 渐缘蝎盛；忽惜流年。

【注析】

　　云霞朝舒夕敛，草木春荣秋悴，如此循环，本其常态。沈炯《为百官劝进陈武帝表》："臣闻春荣秋落，四时所以迭成；金行水流，五德所以互序。"《礼记》曰："孟春之月，盛德在木。孟春之月，无伐大树。"以其荣悴相循，期其生生不已。一俟草树春荣不再，则定成枯萎。符子曰："木生蝎，蝎盛而木枯；石生金，金曜而石流。"蝎盛当非木枯之唯一原因，然以古人所见若此，要亦为原因之一也。

　　相传酒始于空桑委馀饭郁积成味，后则与时迁化。黄帝、仪狄、杜康，为醴、为醪、为秫酒，渐为渐善。饮酒亦渐成风气。人生本不满百，且须与世浮沉，六根不能清净，七事总在心头。平人尚有牢愁，精英岂无感慨。于是看惯风雨，看惯江山，欲说还休，终成郁结。曹操之忧思，嵇康之垒块，渊明之离索，东坡之不合时宜，皆此类也。一旦得酒，便作疏狂，影事前尘，俱到心头。于是酒怀落落，借以发抒。即大英雄、大豪杰，极细谨、极严整者，亦莫能外。对酒当歌，人生几何之叹，举杯邀月，抽刀断水之痴，把酒对天，今夕何夕之问，渐离悲筑，宋意高声之风，节候迁播，时序更迭，诸物触着，美景诱发，则有吾醉欲眠，推松曰去，看花满眼，浓睡不消。狂者狷者，志士仁人，怀抱容有不同，以酒遣怀则一。饮至极酣处，诸事皆如浮云，惟感伤身世，可惜流年，最是难以排遣。

花｜槐树

【吟和】

范先生： 人皆爱赏；我独情钟。

郑福田： 闻经天雨；服实目明。

【注析】

　　花之种类繁多，其著者若梅、兰、菊、桃、李、牡丹之属，皆于文化传统中有象征义。如谢燮咏早梅诗"迎春故早发，独自不疑寒。畏落众花后，无人别意看"即是。时代清平，爱花惜花赏花者，纷如其多。此亦社会发展、生活安定、民生富裕、文化昌明之效。要须知其意义，不作从众之玩。

　　梁代慧皎《高僧传》载："云光法师讲经，感动上天，天花纷纷坠落。"徐玉泉有诗云："锡杖飞身到赤霞，石桥闲坐演三车。一声野鹤仙涛起，白昼天风送宝花。"

　　槐树有德，《春秋》谓为灵星之精，曾垂学市之阴，能表三公之位，以其音怀，能怀来者。树之辟雍之下，植于学者之门，固其宜也。范曾先生庭中植有此树，且经历颇不寻常，是"我独情钟"也。

　　《抱朴子》曰："槐子，服之补脑，令人发不白而长生。"《梁书》曰："庾肩吾常服食槐实，年九十余，目看细书，须发皆黑。"

　　花可象志，槐能表德。赏心明目，固其宜也。

槐树｜花

【吟和】

范先生： 还存庭里；多在镜中。

郑福田： 三株盛族；两岸舒霞。

【注析】

槐树音怀，怀来远近，其树有德，亦能表德。余曾亲见范曾先生庭中所植槐树，所谓"托灵根于丰壤，被日月之光华"者也。私以为可用王粲《槐树赋》予以形容："惟中唐之奇树，禀天然之淑姿。超畴亩而登殖，作阶庭之华晖。形祎祎以畅条，色彩彩而鲜明。丰茂叶之幽蔼，履中夏而敷荣。既立本于殿省，植根柢其弘深。鸟取栖而投翼，人望庇而披衿。"

相传周代宫廷外植有三株槐树，三公之位面向三槐。《周礼·秋官·朝士》："面三槐，三公位焉。"后即以三槐为三公之代称。《宋史·王旦传》载王旦之父王祜"手植三槐于庭，曰：吾之后世，必有为三公者，此其所以志也"。后二十年，王旦果为宰相。世称其族为"三槐王氏"。

镜中之花，宛如水中之月，有形象意，亦有禅意。宋代吴淑《事类赋·桃赋》云："陟云台而临崖布绮，游武陵而夹岸舒霞。"后句指陶渊明《桃花源记》所写桃花之意境，即："忽逢桃花林，夹岸数百步，中无杂树，芳草鲜美，落英缤纷。"

花 | 怀素

【吟和】

范先生： 旧奁残泪；破屋露痕。

郑福田： 金带呈瑞；醉僧继颠。

【注析】

　　旧时女子多以花为饰。奁即所以盛饰物者。女子遭遇不幸，面对旧奁，自然睹物伤怀，心摧泪落。昔楚文王灭息国，掠息侯夫人以归。息夫人终生不与共语。王维"莫以今时宠，能忘旧日恩。看花满眼泪，不共楚王言"，即写此事。息夫人貌美，世因以桃花夫人称之。今武汉黄陂区有桃花夫人庙，即息夫人葬处。

　　江都芍药，有三十二种之多，而以金带围最不易得。据云，宋韩琦守郡时，偶开四朵。时王岐公珪为郡倅，荆公安石为幕官，陈秀公升之以卫尉丞适至。韩公命宴花下，各簪一朵。后四人相继大拜，乃花瑞也。

　　怀素以狂草驰名。与张旭并称"颠张醉素"、"张颠素狂"。怀素为书，援毫掣电，随手万变，如壮士拔剑，神彩动人。而回旋进退，莫不中节。因怀素对张旭书法有所继承与发展，世乃有"以狂继颠"之说。"醉僧"系当时人对怀素之称呼。《释怀素与颜真卿论草书》：怀素与邬彤为兄弟，常从彤受笔法。彤曰："张长史私谓彤曰：'孤蓬自振，惊沙坐飞，余自是得奇怪。'草圣尽于此矣。"颜真卿曰："师亦有自得乎？"素曰："吾观夏云多奇峰，辄常师之，其痛快处如飞鸟出林、惊蛇入草。又遇坼壁之路，一一自然。"真卿曰："何如屋漏痕？"素起，握公手曰："得之矣。"

日本｜唐伯虎

【吟和】

范先生： 国殇抚剑；诗悼落花。

郑福田： 曾窥禹甸；未点秋香。

【注析】

日本与我国，本为邻邦。历史上曾多次发生冲突战事。二战期间，侵我国土，虐我民人，致我金瓯破碎，民生涂炭，为祸之烈，无以过之。当时志士仁人，莫不切齿痛心。《国殇》为楚辞《九歌》之篇。《小尔雅》：无主之鬼谓之殇。王逸说：国殇"谓死于国事者"。《国殇》追悼为国捐躯将士，歌颂爱国主义英雄主义精神。表现洗雪国耻热望。第读《国殇》，总会想起李清照之"生当作人杰，死亦为鬼雄"，想起夏完淳之"毅魄归来日，灵旗空际看"，想起陈毅之"取义成仁今日事，人间遍种自由花"。盖人世间正气所凝，威灵所化，充盈乎天地之间，其毅魄精魂，亦长存乎宇宙之间，历万万劫而不磨！禹甸，指中国。《诗·小雅·信南山》："信彼南山，维禹甸之。"

明代名士唐寅，字伯虎，又字子畏，以字行。诗书画俱佳。《艺圃撷余》云：唐子畏居桃花庵，轩前庭半亩，多种牡丹花，开时邀文徵仲、祝枝山赋诗浮白其下，弥朝浃夕。有时大叫恸哭。至花落，遣小僮一一细拾，盛以锦囊，葬于药栏东畔，作《落花诗》送之。有《落花诗册》传世。

"唐伯虎点秋香"故事，见于明项元汴《蕉窗杂录》、周玄暐《泾林杂记》、冯梦龙《唐解元一笑姻缘》、孟舜卿《花前一笑》、单人月《花舫缘》等书。根据《茶余客话》《耳谈》所记，加以史家考证，此故事系由书生陈立超事附会而来。秋香系明朝成化年间南京歌妓林奴儿，长唐寅20岁。华太师系无锡人，小唐伯虎27岁。是伯虎未曾点秋香也。

窗 | 阶

【吟和】

范先生： 重帘妇怨；陋室苔侵。

郑福田： 内聪以视；红药当翻。

【注析】

男尊女卑时代，不少女子，闭锁室中，足不能出户。对着窗上之重重帘幕，自然生出各种深婉情绪。词中如温庭筠《菩萨蛮》、欧阳修《诉衷情》皆曾及此。温词曰："夜来皓月才当午，重帘悄悄无人语。深处麝烟长，卧时留薄妆。当年还自惜，往事那堪忆。花落月明残，锦衾知晓寒。"欧词曰："清晨帘幕卷轻霜，呵手试梅妆。都缘自有离恨，故画作、远山长。思往事，惜流芳。易成伤。拟歌先敛，欲笑还颦，最断人肠。"

《说文》曰：窗，穿壁以木为交窗，所以见日也。向，北出牖也。在墙曰牖，在屋曰窗。《释名》曰：窗，聪也。于内视外，为之聪明。

《释名》：阶，梯也，言有等差。刘禹锡《陋室铭》中有"苔痕上阶绿，草色入帘青"，"陋室苔侵"典出于此。

谢朓《直中书省》诗曰："紫殿肃阴阴，彤庭赫弘敞。风动万年枝，日华承露掌。玲珑结绮钱，深沈映朱网。红药当阶翻，苍苔依砌上。兹言翔凤池，鸣佩多清响。信美非吾室，中园思偃仰。朋情以郁陶，春物方骀荡。安得凌风翰，聊恣山泉赏。""红药当翻"典出于此。

窗与阶，一用以视，一用以登，皆关居处生涯。

露水 | 杜甫

【吟和】

范先生： 色无本相；兴有孤悲。

郑福田： 津凝草上；史蕴诗中。

【注析】

《金刚经》曰："一切有为法，如梦幻泡影，如露亦如电，应作如是观。"意为一切有为事相，皆是缘聚则生，缘散则灭。变化靡常，执捉不住。如梦、幻、泡、影、露、电然，似有似无，应于一切有为法，作如梦、幻、泡、影、露、电观。知其当体即空，色无本相，不生贪著，乃能不取。

《太平御览》引《五经通义》曰："和气津液凝为露。露从地出。"《春秋元命苞》曰："霜以杀木，露以润草。"

杜甫是中国最伟大之现实主义诗人。《秋兴八首》，写当时飘零身世，孤悲心情，格律精严，境界深永，巍然立于诗坛，古今七律之能事毕矣。钱谦益曰："此诗一事叠为八章。章虽有八，重重钩摄，有无量楼阁门在。今人都理会不到。但少分理会，便恐随逐穿穴，如鼷鼠入牛角中耳。"杜甫被人称为诗史，原因在于他将自己实际生活遭遇全部写入诗中。从开元到天宝，日常的人生，平淡的生活，离乡的牵念，破国的哀愁，小到田父泥饮，大到蓟北收复，家有老妻幼子，友有旧雨新邻，木有松竹，鸟有鸥鹭，不讲大道理，不说大口号，平平常常，辛辛苦苦，老老实实，亲亲切切，而无时不忠君爱国，无时不悲天悯人。

雪 ｜ 郑成功

【吟和】

范先生： 风光北国；剑影西夷。

郑福田： 战龙万甲；挝面孤忠。

【注析】

咏雪之词，应推毛泽东主席《沁园春》"北国风光"为冠。而此词所以古今独步，盖以作者之胸襟气概，非他人所可望见也。毛泽东主席另有《念奴娇·昆仑》，对雪亦有上佳描写："横空出世莽昆仑，阅尽人间春色。飞起玉龙三百万，搅得周天寒彻。"自注云："前人所谓：'战罢玉龙三百万，败鳞残甲满天飞。'"宋胡仔《苕溪渔隐丛话》引《西清诗话》载张元《雪》诗："五丁仗剑决云霓，直取天河下帝畿。战退玉龙三百万，败鳞残甲满天飞。"

郑成功是明末抗清名将。原名森，明朝皇帝赐其姓朱，赐名成功，世因以"国姓爷"称之。明亡，郑成功驱逐荷兰人之福尔摩沙殖民政府，以台湾为基地，建立南明政权。又率军横渡台湾海峡，击败荷兰驻军，建立郑氏在台湾之统治。曾有诗云："开辟荆榛逐荷夷，十年始克复先基。田横尚有三千客，茹苦间关不忍离。""剑影西夷"指此。

永历十六年（1662，清康熙元年）五月初八，郑成功急病大喊："我无面目见先帝于地下。"抓破脸面而死，年仅39岁。康熙下诏云："郑成功系明室之遗臣，非朕之乱臣贼子。敕遣官护送成功及子经两柩，归葬南安，置守冢，建祠祀之。"康熙赠联曰："四镇多二心两岛屯师敢向东南争半壁；诸王无寸土一隅抗志方知海外有孤忠。""挝面孤忠"指此。

风 ｜ 辛稼轩

【吟和】

范先生： 其唯心动；怎忍国亡。

郑福田： 树头少女；词里真龙。

【注析】

《六祖坛经》载，惠能到法性寺，适印宗法师讲《涅槃经》。"时有风吹幡动，一僧曰风动，一僧曰幡动，议论不已，慧能进曰，不是风动，不是幡动，仁者心动。"意谓一切烦恼，皆非外至，统由心生。范曾先生这里用"其唯心动"写风，为我们参悟思考这则著名公案提供着更广阔空间。有一副对联云："东土耶西土耶古木灵根不二；风动也幡动也清池碧水湛然。"

《三国志·魏志·管辂传》曰：辂过清河倪太守，时大旱，辂言：树上已有少女微风，树间又有阴鸟和鸣，雨应至矣。果如其言。

始终不渝之爱国精神，是辛弃疾思想精髓与人格核心。神州陆沉、胡尘未断之现实与不忍国亡、风起云涌之抗敌局面，给辛氏以巨大精神压力，亦给他以巨大力量与思想上之坚实支撑。因而其爱国精神不但昂扬奋厉，而且具有异乎常人之坚实、饱满且充满理性之特质。其词横放杰出，有时径直以议论为之。观其隐括经史、驱遣故典文章入于词中，跳荡不居，槎枒恣肆，如勒烈驹，如捕长蛇，真世之大英雄，伟丈夫，亦如陈廷焯氏在《白雨斋词话》中所说，真"词中之龙也"。

佛 | 微尘

【吟和】

范先生： 无量光照；在千界藏。

郑福田： 因师象教；有大千经。

【注析】

佛教有色界十八天，初禅三天：梵众天、梵辅天、大梵天。二禅三天：少光天、无量光天、光净天。三禅三天：少净天、遍净天、无量净天。四禅九天：无云天、福生天、广果天、无想天、无烦天、无热天、善见天、善现天、色究竟天。其第二禅之第二天为无量光天，又作无量光音天、妙光天、无量水天、水无量天。为此天之诸天众，若说话时，由口中显照无量之光明，故称无量光。或谓此天之光明较前之诸天更为殊胜殊妙，难以量测，故称无量光。

佛教亦称象教。如来既化，诸大弟想慕不已，遂刻木为佛，瞻敬之，且以教人。南朝梁元帝《内典碑铭集林序》："象教东流，化行南国。"杜甫诗："方知象教力。"陈独秀曰："魏晋以还，象教流入，朝野士夫，略开导见。"

佛教以物质最小单位为一微尘。出《华严经》：譬如有大经卷，量等大千世界，而全住在一微尘中。一微尘既然，一切微尘皆亦如是。时有一人，智慧明达，有净天眼。见此经卷，在微尘内。即以方便，破此微尘，出此经卷。令诸众生，普得饶益。以譬一切众生身中，具有如来无碍智慧。但由众生，妄想颠倒，而不自觉。惟有诸佛，乃能知之。即以方便，令诸众生修于圣道。破除虚妄烦恼，显出如来真实智慧。故云一尘之内。有大千经卷是也。

究竟言之，微尘与佛，应无差等。

泉｜鹿

【吟和】

范先生：　追陪明月；偶载诗人。

郑福田：　归犹带月；得可称尊。

【注析】

　　泉系水源，始出涓细而清泠。白日诸物喧嚣，掩其声色。至夜静月出，则独获追陪，相与清新。王维《山居秋暝》云："空山新雨后，天气晚来秋。明月松间照，清泉石上流。"《斗南曈禅师语录》："小参问：向威音前道则触，向威音后道则背，如何是不触不背的句？师云：觅火和烟得，担泉带月归。进云：眉毛分八字，鼻孔向下垂，如何是超格的句？师云：难得到者地位。"

　　鹿为祥兽。旧云："瑶光散而为鹿。"俗传长寿散淡有道之士、神仙者流，多有乘鹿者。李白《梦游天姥吟留别》在感慨"世间行乐亦如此，古来万事东流水"之后，有"别君去兮何时还？且放白鹿青崖间。须行即骑访名山。安能摧眉折腰事权贵，使我不得开心颜？"此所谓偶载诗人也。

　　《汉书》曰："高祖谓蒯通曰：若教韩信反，何也？通曰：秦失其鹿，天下共逐之。高才者先得，可尽诛乎？乃释之。"温庭筠《过五丈原》诗曰："铁马云雕久绝尘，柳阴高压汉营春。天晴杀气屯关右，夜半妖星照渭滨。下国卧龙空误主，中原逐鹿不因人。象床锦帐无言语，从此谯周是老臣。"

琴棋书画邮票图稿·琴　179cm×97cm　2012年

茶馆｜向日葵

【吟和】

范先生： 呈诸生相；喻万众心。
郑福田： 禅思得所；臣节真时。

【注析】

　　茶馆乃饮茶之所，若非特殊要求，有所限制，则五行八作，三教九流，人众汇聚，品流杂沓。故茶馆每能呈诸生之相，于此亦每能见诸生之相。老舍有话剧《茶馆》即从这一视角，反映当时世相之万殊，如于滴水以见狂澜，于微尘而见三千大千世界。

　　旧时，茶为僧人提供最适合之饮品，僧人与寺院促进茶叶生产之发展与制茶技术之进步。久而久之，茶道与佛教之间深相契合。参苦、和静、平凡、放下，诸谛俱有相通处。故旧有茶禅一味之说。于茶馆可品茶悟禅，观诸生相，藉以反照，真本色当行去处。

　　向日葵以花序随太阳转动而得名，别名太阳花，吾乡则以朝阳花名之，其意一也。大片葵花向日，可喻万众归心。上世纪六七十年代有歌曲《大海航行靠舵手》，歌曰："大海航行靠舵手，万物生长靠太阳，雨露滋润禾苗壮，干革命靠的是毛泽东思想。鱼儿离不开水，瓜儿离不开秧，革命群众离不开共产党。毛泽东思想是不落的太阳。"杜甫诗中有"葵藿倾太阳，物性固莫夺"，刘克庄诗中有"可曾霑雨露，不改向阳心"，梅尧臣诗中有"此心生不背朝阳，肯信众草能翳之"。

腐败 ｜ 蓝天

【吟和】

范先生： 多迷于色；有幸乎空。

郑福田： 醯酸蚋聚；日朗云除。

【注析】

腐败原义指食物腐烂。《韩诗外传》曰："民无冻馁，食无腐败。"推而言之，则指人的思想或文章内容陈腐。更推而指人之思想或行为堕落。现多用于指国家公职人员滥用权力谋求特殊利益导致之权力蜕变现象。今之腐败，多起于对物质之贪婪追求，对诸色相之迷恋征逐。具体而言，则多涉乎男女。《荀子·劝学》虽已年代淹远，然于腐败之起，言之甚为详悉："物类之起，必有所始。荣辱之来，必象其德。肉腐出虫，鱼枯生蠹。怠慢忘身，祸灾乃作。强自取柱，柔自取束。邪秽在身，怨之所构。施薪若一，火就燥也。平地若一，水就湿也。草木畴生，禽兽群焉，物各从其类也。是故质的张而弓矢至焉，林木茂而斧斤至焉，树成荫而众鸟息焉，醯酸而蚋聚焉。"

天之苍苍，空诸所有，亦包诸所有。若蓝天朗朗，诸尘尽扫，真殊胜事。佛教常以色空对举以言理。与色并者，一则"色受想行识"，以其皆能盖覆真性，封蔀妙明，故总谓之"五蕴"。一则"色香声味触法"，以其与"六根"相应，升起"六识"，产生分别想，导致"贪、瞋、痴""三毒"，故名"六尘"，又名"六大贼"。秦鸠摩罗什法师《十喻诗》曰："十喻以喻空，空必待此喻。借言以会意，意尽无会处。既得出长罗，住此无所住。若能映斯照，万象无来去。"

杨玉环｜李后主

【吟和】

范先生：梨花带雨；玉树为萝。

郑福田：回眸百媚；有目重瞳。

【注析】

正史于杨贵妃未载其名，有人说其小字玉环，又有人说其小字玉奴，后乃多以杨玉环称之，至有将其与赵飞燕并列，以体态并称为"环肥燕瘦"者。诗人则多唤其为杨太真。"中有一人字太真，雪肤花貌参差是"是也。俗谓杨贵妃为唐代第一美女，并列入古代四大美女之列。更有以其为所谓"沉鱼""落雁""闭月""羞花"之"羞花"者。传言成史，信者颇多。白居易《长恨歌》写"为报君王辗转思，遂教方士殷勤觅"，最终在海上仙山中找到了杨玉环。此时杨玉环状态是"玉容寂寞泪阑干，梨花一枝春带雨。""回眸百媚"亦出于《长恨歌》："回眸一笑百媚生，六宫粉黛无颜色。"

李煜系五代十国之南唐后主，治国无方略，作词有独诣。方其举国降宋之际，作有《破阵子》词，直写其感受。其词上阕曰："四十年来家国，三千里地山河。凤阁龙楼连霄汉，玉树琼枝作烟萝，几曾识干戈？"

《新五代史·南唐世家》载："煜字重光，初名从嘉，景第六子也。煜为人仁孝，善属文，工书画，而丰额骈齿，一目重瞳子。"所谓"重瞳"，即"一目双瞳"。旧时相者以为大贵。史载仓颉、虞舜、重耳、项羽等均具此异相。于今观之，"重瞳"实病态也。

祢衡 | 司马相如

【吟和】

范先生： 非曹击鼓；倚卓当炉。

郑福田： 传奇鼓史；有汉辞宗。

【注析】

祢衡，字正平，平原郡人，地在今山东德州市临邑县，另《山东通志》谓祢衡为今乐陵人。以有文彩词辩，气尚刚傲，故恒矫时慢物。与孔融善，孔融亦爱其才。孔融年四十，祢衡始弱冠，即为忘年交。孔融不欲祢衡之才不得展于世，乃为疏举荐，且屡次于曹操前称述。及曹操欲见祢衡，而祢衡轻视傲慢，殊不为礼。遂至辗转投书以死。死时年二十六。《三国演义》有其"击鼓骂曹"故事。明徐渭《四声猿》，其一即《狂鼓史渔阳三弄》，写祢衡死后在阴间骂曹操。另外"三声猿"是《玉禅师翠乡一梦》《雌木兰替父从军》《女状元辞凰得凤》。

"倚卓当炉"，盖以司马相如与卓文君爱情佳话为言。"有汉辞宗"，则言司马相如在文学史上之地位。司马相如是中国文化史文学史上之特立杰出人物。班固、刘勰称其为"辞宗"，林文轩、王应麟、王世贞称其为"赋圣"。汉代文章，人恒以两司马称之，一为司马迁，一为司马相如。鲁迅曰："武帝时文人，赋莫若司马相如，文莫若司马迁。"钱基博曰："学《离骚》，得其情者为太史公，得其辞者为司马相如。史公善用奇，而衍上古之语，以开唐宋八大家之古文；相如媲于偶，而衍上古之文，以成汉魏六朝之骈文。标然特出，号两司马，并驾齐足，楷模百代，盖后世韵散文大宗也。"

酒 | 凤凰

【吟和】

范先生： 真能佐汉；可以承旇。

郑福田： 三重曰酎；六像名禽。

【注析】

酒能佐汉，一谓酒能激起丈夫气象，所谓酒壮人胆。一谓酒能辅弼汉室。当吕氏专权，朱虚侯刘章忿之。常侍吕后饮宴。高后使章为酒吏，章曰：臣将种，请得以兵法行酒。高后可之。酒酣，章起舞曰：请为耕田歌。太后笑曰：汝安知田事，试说之。章曰：深耕概种，植苗欲疏。非其种者，锄而去之。高后默然。有顷，诸吕有亡酒者，章追拔剑斩之。太后业已许章以军法行酒，无以罪也。

吴淑《酒赋》谓酒系"九投百品之精"，具"一宿三重之美"。《酒经》云："空桑秽饭，酝以稷麦，以成醇醪，酒之始也。乌梅女麹，甜醹九投，澄清百品，酒之终也。"《说文》："酹，酒母也。醴，酒一宿熟也。醪，汁滓酒也。酎，三重之酒也。醨，薄酒也。酢，苦酒也。"

凤凰，我国传说中祥瑞之鸟，百鸟之王。《离骚》曰："朝发轫于天津兮，夕余至乎西极。凤皇翼其承旇兮，高翱翔之翼翼。"《初学记》卷三十引《论语摘衰圣》："凤有六像九苞。六像者，一曰头像天，二曰目像日，三曰背像月，四曰翼像风，五曰足像地，六曰尾像纬。九苞者：一曰口包命，二曰心合度，三曰耳听达，四曰舌诎伸；五曰彩色光，六曰冠矩州，七曰距锐钩，八曰音激扬，九曰腹文户。"

庙宇 | 兰花

【吟和】

范先生： 香烟浮绕；坠露可餐。

郑福田： 香花净土；色相空林。

【注析】

　　佛教信徒以香、花、果、供、灯供奉佛菩萨。燃香则有香烟，故庙宇内佛像前多香烟缭绕。佛教言净土，指清净国土、庄严刹土，也即清净功德所在之庄严处所。净土系诸佛菩萨为度化一切众生，在因地发广大本愿力所成就者。因有十方三世一切诸佛菩萨，故有十方无量净土。例如弥勒净土、维摩净土等等。而佛祖释迦牟尼佛示现成道，本愿即在于净化人间，期将娑婆秽土转化为清净国土。

　　兰花是香草名花，格调高雅，"挺自然之高介，岂众情之服媚"，故深得文人雅士爱赏。我国传统常以兰比君子，以其香为王者香。《琴操》曰：《猗兰操》者，孔子所作也。孔子聘诸侯，莫能任。自卫反鲁，隐谷之中，见香兰独茂，叹曰：夫兰当为王者香，今乃独茂，与众草为伍。乃止车，援琴鼓之。自伤不逢时，托辞于香兰云。《离骚》曰："朝饮木兰之坠露兮，夕餐秋菊之落英。"陈子昂《感遇》曰："兰若生春夏，芊蔚何青青。幽独空林色，朱蕤冒紫茎。""色相"本佛家语，此指兰若之颜色形状，亦形容兰若之品调。"空林"者，言林中无可与匹也。

鹤 | 佛家

【吟和】

范先生： 似曾闻唳；如是说空。

郑福田： 因擎丹顶；果报梵音。

【注析】

《艺文类聚》引淮南八公《相鹤经》曰："鹤为阳鸟也，而游于阴，盖羽族之宗长，仙人之骐骥也。"又引《韵集》曰："鹤，善鸣鸟也。"《周易》有"鸣鹤在阴"，《诗经》有"鹤鸣于九皋"，《易通卦验》有"立夏清风至而鹤鸣"。鹤有丹顶者，多以入画，以祈福介寿。

佛教典籍记载，释迦牟尼佛入大般涅槃前，曾嘱咐四件事，其三谓集结经文之首应冠以"如是我闻"。据《阿弥陀经通赞疏》，言"如是"者，依四义转：依"譬喻"，依"教诲"，依"问答"，依"许可"。言"我闻"者，传法菩萨自指己身言，如是法亲从佛闻，故名"我闻"，非谓我者定属一人。佛经为佛入灭后多闻第一之阿难所编集，盖"如是"者，指经中所说之佛语，"我闻"者，阿难自言也，故诸经之开卷，皆置此四字。又"如是"者，信顺之辞也，以信则言如是，不信则言不如是故也。佛法以信为第一，故诸经之首举阿难之能信而云如是。

果报系佛教用语。意谓世人今日所受之境，乃过去世所作业因之结果，又皆系应于其业因而报者。果报是东方世界源于因果律的一种观念。即所谓夙世种善因，今生得善果；夙世为恶业，今世得恶报。

中众一唱(凤顶格)

【吟和】

范先生： 中莫偏斜斯典雅；

众皆竞进以贪婪。

郑福田： 中怀坦荡真如砥；

众望参差早似山。

【注析】

《论语·雍也》曰:"中庸之为德也,其至矣乎!"朱熹注曰:"中者,无过无不及之名也。庸,平常也。"儒家所倡"中庸之道"有三条主要原则。一则慎独自修,二则忠恕宽容,三则至诚尽性。目的是培养理想人格,至善、至仁、至诚、至道、至德、至圣,合外内之道,创造"致中和天地位焉,万物育焉"之"太平和合"境界。倘能如此,自臻高境。置诸现实,践此良难。能如言者,真如凤毛麟角。盖以社会不断发展,世相日益丰富,人群日益集聚,品流日益繁杂。竞争激烈,此倡彼应,纵不必剑影刀光,亦可谓眼花缭乱。《离骚》所谓"众皆竞进以贪婪兮,凭不厌乎求索。羌内恕己以量人兮,各兴心而嫉妒。"

中怀,内心也。苏武《别诗》有"幸有弦歌曲,可以喻中怀"句,白居易《代书诗一百韵寄微之》亦有"前事思如昨,中怀写向谁"句。《论语·述而》:"君子坦荡荡,小人长戚戚。"郑玄曰:"坦荡荡,宽广貌。"后因以"坦荡"形容胸襟开朗,心地纯洁。《诗经·小雅·大东》:"周道如砥,其直如矢。"砥,磨刀石,以言周道之平。君子之怀,坦坦荡荡,真如至平之砥。无如众人所寄之望,参差不齐,或发以情亲,或牵以物欲,若山形之高下欹崎,实难餍足。此亦世相之常也。

意存二唱（燕颔格）

【吟和】

范先生： 古意一心其慎独；
　　　　 今存五典与三坟。

郑福田： 未意边风亲造化；
　　　　 能存大德好文章。

【注析】

"慎独"见于《礼记·中庸》："天命之谓性，率性之谓道，修道之谓教。道也者，不可须臾离也，可离非道也。是故君子戒慎乎其所不睹，恐惧乎其所不闻。莫见乎隐，莫显乎微。故君子慎其独也。"郑笺："慎独者，慎其闲居之所为。小人于隐者，动作言语，自以为不见睹，不见闻，则必肆尽其情也。若有佔听之者，是为'显''见'。甚于众人之中为之。"古德之中，以慎独自修，最为重要。《左传·昭公十二年》，楚灵王介绍左史倚相曰："是良史也，子善视之，是能读《三坟》《五典》《八索》《九丘》。"杜预注："皆古书名。"《尚书序》称："伏羲、神农、黄帝之书，谓之《三坟》，言大道也。少昊、颛顼、高辛、唐、虞之书，谓之《五典》。"郑玄认为，"三坟五典"就是"三皇五帝之书"。因此三坟即三皇之书，五典谓五帝之书。至于《八索》与《九丘》则指"八卦"与"九州之志"，一说指《河图》《洛书》。

福田鄙处边陲，何敢望于通都大邑有所闻见发表。有幸得从范曾先生游，是边风亲接造化，得未曾想。先生高文巨制，时得耳闻目见，朝暮存诵，获益尤多。而先生博闻强志，于古今大德文章，皆能成诵，令人叹为观止。

匹秋三唱（鸢肩格）

【吟和】

范先生： 曾经匹马凉州戍；

却悔秋池碧海盟。

郑福田： 长思匹马从军乐；

每恨秋光入眼多。

【注析】

旧中国战乱频仍，徭役繁苛。征夫离乡背井，四处奔波，抛弃家室，长久不归。妻子则孤独无依，承受怀人念远之痛。所谓"外有征人，内必有思妇"。此种感情，真能透骨。陆游《诉衷情》词曰："当年万里觅封侯，匹马戍梁州。关河梦断何处，尘暗旧貂裘。胡未灭，鬓先秋，泪空流。此生谁料，心在天山，身老沧洲。"写从军之感受，甚为准确形象。而《诗经》之《君子于役》则写思妇情形：牛羊下来，家禽已栖，暮色苍茫，征人未归。思妇倚门伫立，不胜伤怀。此清人许瑶光所谓"鸡栖于桀下牛羊，饥渴萦怀对夕阳。已启唐人闺怨句，最难消遣是昏黄"者也。若有归期未定，秋池水涨，碧海青天，夜夜此心者，则愈加无法排遣安顿矣。

李贺《南园三十首》有云："男儿何不带吴钩，收取关山五十州。请君暂上凌烟阁，若个书生万户侯。"谓男儿有志，匹马从军，直取功名，人生乐事。然而一去沙场，莫测生死，乡关万里，音书断绝。晋张翰为官，秋风起而思故乡，富贵荣华，不如归去。况雁去不留，边声四起，霜华满地，铁甲寒生。燕然未勒，秋光入眼，此情更何以堪乎。不论在外之征人，即如闺中之思妇，当节物更移，亦生悔意。"闺中少妇不知愁，春日凝妆上翠楼。忽见陌头杨柳色，悔教夫婿觅封侯。"此皆人情之常，正不必以所谓大局之语责之。

情境四唱（蜂腰格）

【吟和】

范先生： 为有深情怀故国；
　　　　 便驰妙境到家山。

郑福田： 月带诗情临碧海；
　　　　 山存画境隐奇峰。

【注析】

　　范曾先生有《海外散文三十三篇》，写其客居巴黎、负笈欧洲日本之日常生活、所思所感及其艺术创作经历，作者"心已神驰到彼，诗从对面飞来"，与故国山川相亲近，相融汇，展开了极其真诚之心灵对话，亦依北斗望京华之意也。以其故国情思深长，化而为诗词歌赋、绘画文章，意到笔随，纵横捭阖，遄飞意兴，大畅胸襟。所谓行于所当行，止于所不得不止也。

　　中国诗歌传统中之月，最有境界。方其初也，灿若银钩，淡然一隅，映天如水。象虽隐约，便有团圆之意。及其渐显渐明，渐圆渐大，至于朗照中天，是亦积渐为之，无所预于躁狷。且照耀周至，无所偏私遗漏，亦称至公至允。而其盈亏圆缺，正如万事始终诸物盛衰之理，若天故悬其像以教人也。而其装点良夜，美化人伦，其功亦不能忽视。张九龄有诗曰："海上生明月，天涯共此时。情人怨遥夜，竟夕起相思。"张若虚有诗曰："春江潮水连海平，海上明月共潮生。"郭熙《林泉高致·山水训》曰："山欲高，尽出之则不高，烟霞锁其腰，则高矣。水欲远，尽出之则不远，掩映断其脉，则远矣。"

心老五唱（鹤膝格）

【吟和】

范先生： 华发早生心不死；

诗思叠浪老还顽。

郑福田： 半亩园荒心永系；

三围木长老须还。

【注析】

华发，指花白头发，或白发。《墨子·修身》："华发隳颠，而犹弗舍者，其唯圣人乎？"苏东坡《念奴娇·赤壁怀古》中有"多情应笑我，早生华发。"华发亦指年老，老年人。《后汉书·文苑传》："伏维幕府初开，博选清英，华发旧德，并为元龟。"李贤注："华发，白首也。"曹操《步出夏门行·龟虽寿》："老骥伏枥，志在千里。烈士暮年，壮心未已。"先生诗思如潮举浪叠，年愈久而诗愈新。令后学仰之弥高，钻之弥坚，瞻之在前，忽焉在后。而修短丰啬，无不中矩。

余出身农家，家有小园，曾为写《浣溪沙》云："西侧邻人半亩园，吾家隔水九分田。窝瓜络绎大如拳。对舞蜻蜓风细细，自摇杨柳日翩翩。菜花红紫惹人怜。"如今自然环境恶化，村前小溪干涸，小园因而荒芜，然余心永系焉。家乡房前屋后，曾植树木。虽形有曲直，类别榆杨，然经加意护持，今亦成围。人恋故土，老须还家。曾作《岁末感怀》以记此事："云浮隐隐绕城畿，更有红霞片片飞。家国新春开四面，乡园乔木长三围。中年漂泊仍游子，白雪颠连故岭衣。今日相逢明日别，东风无赖送人归。"此诗距今又十年矣。

黄艳六唱（凫颈格）

【吟和】

范先生： 将军百战埋黄漠；

美女千愁黯艳湖。

郑福田： 应从九月探黄菊；

莫向三春作艳诗。

【注析】

旧时经营邦国，一则保守疆域，一则开边拓土，战事随时发生，从军者多有死于异乡，不能生还者。"将军百战死，壮士十年归"，"醉卧沙场君莫笑，古来征战几人回"，"一将功成万骨枯"，"可怜无定河边骨，犹是春闺梦里人"，言此情况之诗文颇多。辛弃疾《贺新郎·别茂嘉十二弟》表达得到位感人："绿树听鹈鴂。更那堪、鹧鸪声住，杜鹃声切。啼到春归无寻处，苦恨芳菲都歇。算未抵人间离别。马上琵琶关塞黑，更长门翠辇辞金阙。看燕燕，送归妾。将军百战身名裂，向河梁、回头万里，故人长绝。易水萧萧西风冷，满座衣冠似雪。正壮士悲歌未彻。啼鸟还知如许恨，料不啼清泪长啼血。谁共我，醉明月？"

依中国传统，百花有品格高下之分。菊花以生季秋、发黄花之故，特为古人所重。钟会曰："夫菊有五美焉：黄华高悬，准天极也。纯黄不杂，后土色也。早植晚登，君子德也。冒霜吐颖，象劲直也。流中轻体，神仙食也。"屈原将春兰与秋菊并提，《离骚》曰："朝饮木兰之坠露，夕餐秋菊之落英。"《九歌》曰："春兰兮秋菊，长无绝兮终古。"晋王淑芝合二者而铭之曰："兰既春敷，菊又秋容。芳薰百草，色艳群英。孰是芳质，在幽愈馨。"是春则兰，秋则菊，各擅其胜，冠于众芳矣。

博青七唱（雁足格）

【吟和】

范先生： 无边藻海遣词博；

万里家山入眼青。

郑福田： 休夸衣带称褒博；

要以学行得眼青。

【注析】

　　藻海指文章词藻，若海茫茫，浑无涯岸。其中人物，各有面目，争铺彩色，竞展风华。而大学者于其中，当负汲引领袖之责，不但游戏涵泳而已。家山指故乡。故乡一望青碧，景色宜人。此一解也。而最爱故乡者，还是故乡人，一见则衷心愉悦，青眼相加，此又一解也。"青眼"系阮籍故事。《晋书》载："籍又能为青白眼，见礼俗之士，以白眼对之。嵇喜来吊，籍作白眼，喜不怿而退。喜弟康闻之，乃赍酒挟琴造焉，籍大悦，乃见青眼。由是礼俗之士疾之若雠。"

　　《汉书·隽不疑传》载：武帝末，郡国盗贼群起，暴胜之为直指使者，逐捕盗贼，督课郡国，威振州郡。素闻不疑贤，遣吏请与相见。不疑褒衣博带，盛服至门上谒。胜之开阁延请，徙履起迎。"褒衣博带"，固是贤者，然辨贤岂仅以衣裳论乎？《史记·仲尼弟子列传》孔子曰："吾以言取人，失之宰予，以貌取人，失之子羽。"是孔子自承以言语相貌取人，有所疏失也。宋濂《送东阳马生序》自言学问足乐，不重口体："同舍生皆被绮绣，戴珠缨宝饰之帽，腰白玉之环，左佩刀，右备容臭，烨然若神人；余则缊袍敝衣处其间，略无慕艳意，以中有足乐者，不知口体之奉不若人也。"

危绝一唱（凤顶格）

【吟和】

范先生：　危言警世能谁共；

　　　　　绝域推贤有我来。

郑福田：　危栏拍遍襟怀远；

　　　　　绝句吟多块垒平。

【注析】

危言有"直言""行为超过言语""耸人听闻的言论""慎言"数义。此处用第一义。《逸周书·武顺》："危言不干德曰正。"《汉书·贾捐之传》："臣幸得遭明盛之朝，蒙危言之策，无忌讳之患。"颜师古注："危言，直言也。言出而身危，故曰危言。"现实当中，甘言媚词以取悦于人者多，能出以公心，秉正危言，无所顾忌者鲜矣。黄蓼园评价辛弃疾之《摸鱼儿》，谓其"持重者多危词，赤心人少甘语"，语颇中肯。辛氏系民族英雄，为人持重，吐属识见，与众不同。面对国势危殆、朝政难为之现实，自然会多发"危言"；辛对国家民族，一片赤诚，一心为国，无惶其他，绝不会随波逐流，"甘语"媚人。此正辛氏之大过人处。

危栏者，高栏也。李商隐《北楼》诗："此楼堪北望，轻命倚危栏。"辛弃疾《摸鱼儿》："休去倚危栏，斜阳正在，烟柳断肠处。"有抱负有志向之人，最是登高临远不得。一旦登高，凭栏远望，便觉平时欲说还休，欲说还休，百折千回，强自抑制之一肚皮不合时宜,受所见风物触发,皆欲喷涌而出。纵使拍遍栏干,亦难排遣。此辛弃疾"把吴钩看了,栏杆拍遍,无人会,登临意","倩何人唤取,红巾翠袖,揾英雄泪"所由发也。有时郁结垒块,无所发抒,取仁人志士所为诗赋文章,朗吟一过,亦能使此心得到平慰。

琴棋书画邮票图稿·棋　179cm×97cm　2012年

覆传二唱（燕颔格）

【吟和】

范先生： 梦覆床前窗透月；
　　　　 名传海内意如禅。

郑福田： 能覆诗文垂雨露；
　　　　 好传书画比春秋。

【注析】

"梦覆"有典。北宋朱长文之母周夫人曾"梦覆锦衾"，故生子能文。朱长文十岁善属文，博闻强识，深得器重。稍长，泰山孙复授经于太学，无所不知，尤邃于《春秋》，著有《琴史》《墨池编》《续书断》等。大师硕儒，名传海内，而能心意通禅，如如不动，自是高境。所谓："七宝福虽多。不如有人发菩提心。受持此经四句。为人演说。其福胜彼百千万亿。不可譬喻。说法善巧方便。观根应量。种种随宜。是名人演说。所听法人。有种种相貌不等。不得作分别之心。但了空寂如如之心。无所得心。无胜负心。无希望心。无生灭心。是名如如不动也。"

能以诗文加于身心，胜却富贵云锦。诗文譬犹雨露，所润泽者，非仅一人一世。善作用者，可及于百千万人，可影响生生世世。《春秋》，负责任之史书也。书画可作《春秋》，以其有道可传人，有德可济人，有仁可及人，有容可育人也。故诗文不可妄作，要当中心充实，持重有容，文章典雅，具其表德。书画亦须自具高情高意，修养臻于至高境界，所欲为者，既已了然于心，然后了然于笔墨，了然于我手。

爨掌三唱（鸢肩格）

【吟和】

范先生： 苍天掌托开莲界；

桐木爨烧识妙音。

郑福田： 为期掌底生花美；

早向爨中炼尾焦。

【注析】

莲界即莲花世界，指佛地，即佛教所称西方极乐世界。《华严经》云：莲华世界是卢舍那佛成道之国，一莲华有百亿国。《华严经》载普贤菩萨劝进善财童子有云：虚空界尽，众生界尽，众生业尽，众生烦恼尽，我愿乃尽。而虚空界乃至众生业烦恼不可尽故，我愿王无有穷尽。念念相续，无有间断。身语意业，无有疲厌。至临命终时，最后刹那，一切诸根等悉皆散坏，惟此愿王不相舍离。愿王导引往生极乐世界，见阿弥陀佛，生莲华中，蒙佛授记。于烦恼大苦海中，拔济众生，令皆得往生极乐世界。

焦尾琴系蔡邕故事。《后汉书》记载：吴人有烧桐以爨者，邕闻火烈之声，知其良木，因请而裁为琴，果有美音，而其尾焦，故时人名曰焦尾琴焉。初，邕在陈留也，其邻人有以酒食召邕者，比往而酒已酣焉。客有弹琴于屏，邕至门试潜听之，曰："嘻！以乐召我而有杀心，何也？"遂反。将命者告主人曰："蔡君向来，至门而去。"邕素为乡邦所宗,主人遽自追而问其故,邕具以告,莫不怃然。弹琴者曰:"我向鼓弦,见螳螂方向鸣蝉,蝉将去而未飞,螳螂为之一前一却。吾心耸然,惟恐螳螂之失之也,此岂为杀心而形于声者乎?"邕莞然而笑曰:"此足以当之矣。"

山友四唱（蜂腰格）

【吟和】

范先生： 梅植孤山林逋志；

　　　　 船移挚友杜公情。

郑福田： 我望苍山秋气渐；

　　　　 谁教故友雁书来。

【注析】

　　求宋有节守之文人，林逋其一也。逋字君复，杭州钱塘人。史载其少孤力学，不为章句。性恬淡好古，弗趋荣利，家贫衣食不足，晏如也。初放游江、淮间，久之归杭州，结庐西湖之孤山，二十年足不及城市。逋善行书，喜为诗，其词澄浃峭特，多奇句。既就稿，随辄弃之。或谓："何不录以示后世？"逋曰："吾方晦迹林壑，且不欲以诗名一时，况后世乎！"临终为诗，有"茂陵他日求遗稿，犹喜曾无封禅书"之句。传林逋喜植梅养鹤，旧言其植梅三五百株。近有学者考证，林逋生前于其孤山居处，只植梅一株，且始终如此。苟能象其志意，一已足矣，又何必多也。

　　欧阳修《秋声赋》从色容气意声等角度写秋之为状。言"其气栗洌，砭人肌骨；其意萧条，山川寂寥"。又言秋气之余烈，可以摧败零落。旧时士人多在道路，背其乡井，奔波劳碌，无已无休，故见苍山秋意之渐生渐盛，则多生思乡念远之情。此际若有新知旧雨书信到来，自是倍增感慨。《世说新语》记张翰秋风思归故事：张季鹰辟齐王东曹掾，在洛见秋风起，因思吴中菰菜羹、鲈鱼脍，曰："人生贵得适意尔，何能羁宦数千里以要名爵！"遂命驾便归。《晋书》记载略同。

云梦五唱（鹤膝格）

【吟和】

范先生： 鹤老深山云不动；

 龙游苍昊梦非遥。

郑福田： 破纸窗前云雨骤；

 孤臣塞下梦魂深。

【注析】

苍昊者，苍天也。《梁书·武帝纪》："上达苍昊，下及川泉。"《文选》："据坤灵之宝势，承苍昊之纯殷。"张铣注："苍昊，天也。"又天帝也。《梁书·武帝纪》："迁虞事夏，本因心于百姓；化殷为周，实授命于苍昊。"范先生曾书有"鸾鸣苍昊"、"龙游苍昊"条幅。笔力苍劲，气象不凡。鹤之与龙，静则处于山渊，动则游于苍昊，动静之间，一如君子之进退出处。

辛弃疾生活的时代，是一个与众不同的时代。辛弃疾是这个时代产生的英雄，也是这个时代造成的悲剧人物：正是北方沦于金贵族统治之下，如水益深，如火益热的局面以及北方百姓普遍不满与如星星之火般的反抗，成就了辛弃疾这样一位英雄，使他得以"壮岁旌旗拥万夫"，得以凭其壮声英概，使"懦士为之兴起"；正是南宋偏安，不思恢复或无力恢复，造成了辛弃疾的郁塞愤激，满腹牢愁，使他常有"西北望长安，可怜无数山"的感慨；也正是朝廷中关于南北、和战的不同认识与分别,使如青兕,如真虎,是词中之龙的辛弃疾心灵深处充满了孤危感,发而为词,形成了独特的风格,其心思境界及其陶写,颇不同于常人。他的《清平乐·独宿博山王氏庵》写得最为明白:"绕床饥鼠,蝙蝠翻灯舞。屋上松风吹急雨,破纸窗间自语。平生塞北江南,归来华发苍颜。布被秋宵梦觉,眼前万里江山。"

关禁六唱（凫颈格）

【吟和】

范先生： 曾经立马戎关塞；

　　　　未惧飞笺入禁堂。

郑福田： 英雄未觉阳关远；

　　　　小子尤欣岁禁多。

【注析】

　　关，古代于险要地方或国界设立的守卫处所。禁，禁绝，禁止，旧亦以称帝王之地，如宫禁，禁苑。忠臣烈士，曾经立马戎关，持节秉正，经历战火硝烟，生死亦在度外。飞笺入禁，不过听闻褒贬，大丈夫在所无惧。

　　为抵抗匈奴侵扰，经营西域，公元前121年，西汉朝廷于河西走廊置四郡，曰武威、曰张掖、曰酒泉、曰敦煌。并立两关，一阳关，一玉门关。阳关因在玉门关之南，故名。阳关与玉门关，一南一北。据守通往西域门户，系"丝绸之路"重要关隘。春秋代序，阳关积累了众多故事与人物，上演了一幕幕可歌可泣之活剧。阳关亦多入歌诗。王维《送元二使安西》"劝君更尽一杯酒，西出阳关无故人"，即是典型代表。此诗虽有分别的忧伤情感的表述，但情调高亢朗丽，与寻常儿女子分别时泪落沾巾截然不同。至陆游之《塞上曲》，则径曰："老矣犹思万里行，翩然上马始身轻。玉关去路心如铁，把酒何妨听渭城！"因有豪情壮志，故不以远出玉门关为苦，反以为乐，所谓"英雄未觉阳关远"也。然有宋一代，势力实未至阳关，陆游之作，言志而已。儿童时期，最喜岁时诸般快乐，亦最重视诸般讲究与禁忌。因此时之禁忌，亦多带有喜庆与亲情色彩故也。

重阳七唱（雁足格）

【吟和】

范先生： 戎机万里驱辎重；

 帙册千橱恋夕阳。

郑福田： 折柳临歧知厚重；

 当归把酒问阴阳。

【注析】

戎机指战争与军事机宜。《木兰诗》："万里赴戎机，关山度若飞。"杜甫《遣愤》："自从收帝里，谁复总戎机。"亦指用兵时机。刘基《复用韵答严上人》："诛暴保民黄石略，将军莫自失戎机。"辎重原指外出时携载的物资。《老子》："是以圣人终日行，不离辎重。"现多指随军运载的军用器械、粮秣等。坐拥书城，身沐夕阳，读书之愉悦，无与比者。

柳以枝柔且长，能给人以依依留恋之感，又音与留近，故多用以表达依恋、惜别、怀思等情绪。最早之诗有《诗经·采薇》曰："昔我往矣，杨柳依依；今我来思，雨雪霏霏。"古人离别多折柳相赠。汉乐府《折杨柳歌辞》曰："上马不捉鞭，反拗杨柳枝。下马吹横笛，愁杀行客人。"梁元帝《折杨柳》诗曰："巫山巫峡长，垂柳复垂杨。同心宜同折，故人怀故乡。山似莲花艳，流如明月光。寒夜猿鸣澈，游子泪沾裳。"唐人诗则有"年年柳色，灞陵伤别"，"为近都门多送别，长条折尽减春风",亦有用折柳表现离愁与思乡之情者。"此夜曲中闻折柳,何人不起故园情","羌笛何须怨杨柳,春风不度玉门关"皆此类也。临歧路,敦友情,处异乡,念家国。柳虽柔弱之枝,能寄不绝不息之思绪,当其数归期,对酒杯,春秋寒暑,阴阳明晦,皆所关心者。

树花一唱（凤顶格）

【吟和】

范先生： 树品偏斜堪比椒；

花灵寂寞自提香。

郑福田： 树有直心终器大；

花无媚意总香纯。

【注析】

范先生此联有双重意思。一重意谓：有树于此，形品偏斜，正可与椒相比并。有花于此，苟具灵性，处于幽静寂寞之地，自会提升其香气，即幽兰自芳之意。"椒"，见《离骚》："椒专佞以慢慆兮，榝又欲充夫佩帏。"王逸注："榝，茱萸也，似椒而非，以喻子椒似贤而非贤也。"后遂以"椒榝"指谄佞之徒。刘师培曰："帝子无闻，怅艾萧之当户；党人不亮，悲椒榝之当帷。"一重意谓：树品偏斜，可与比萨斜塔相比，花灵寂寞，有如提香笔下所出。盖以比椒谐"pisa"（比萨）之音，而提香，则指意大利文艺复兴后期威尼斯画派代表画家、被称为西方油画之父的提香·韦切利奥。

树具直心，终成大器。人秉正德，亦能期于大成。谚所谓树直用处多，人直朋友多也。虽有"木秀于林，风必摧之；堆出于岸，流必湍之；行高于人，众必非之"之虞，然究竟要直心为器，秉正作人。断不应因循私曲，失却本真。花若媚人，尽管其香仍在，而清纯气消，妖媚气长，其害正与树心不直相等。

影风二唱（燕颔格）

【吟和】

范先生：　塔影依稀横绝势；
　　　　　鬃风踯躅纵边声。

郑福田：　月影澄清茶似酒；
　　　　　边风浩荡树犹琴。

【注析】

　　比萨斜塔是意大利比萨城大教堂之独立式钟楼，因奠基不慎，1173 年首度发现倾斜。现塔顶南倾已超出垂直平面 5.3 米，斜度为 5°6′，从地基到塔顶高 58.36 米，从地面到塔顶高 55 米。此塔系世界之奇观，确实可用横绝之势来加以形容。蔡孚诗中有"红鬣锦鬃风骎骎，黄络青丝电紫骝"句，写红鬣锦鬃之骏马传神。其中写风作用于其鬣其鬃，固其神骏所在。边声，指边境上羌管、胡笳、画角等音乐，亦泛指边疆之特有声响。李陵《答苏武书》："凉秋九月，塞外草衰。夜不能寐，侧耳远听，胡笳互动，牧马悲鸣，吟啸成群，边声四起。"

　　星月皎洁，明河在天，表里澄澈，此情此境，正堪对酒，而代之以茶，雅兴清趣，要当不减。身处边疆，心胸坦荡，襟怀高逸，不减昔人。乃有边风吹过，有若欧阳修当年所遇："初淅沥以萧飒，忽奔腾而砰湃；如波涛夜惊，风雨骤至。其触于物也，鏦鏦铮铮，金铁皆鸣；又如赴敌之兵，衔枚疾走，不闻号令，但闻人马之行声。"边疆草树，能生万籁，能作奇韵。"犹琴"云云，尚未能完全尽其意也。

志云三唱（鸢肩格）

【吟和】

范先生： 弥翁志业坚顽石；
八大云情冷逸花。
郑福田： 风人志意传家久；
岭海云章继世宏。

【注析】

希腊神话有月亮女神塞勒涅与恩底弥翁之爱情故事。恩底弥翁是一个凡人，是猎手或牧羊人，外貌俊美无比，塞勒涅深爱之，请求宙斯让恩底弥翁永葆青春。然而让神赐予凡人永生，无法做到。除非永远沉睡。于是恩底弥翁宁愿在卡里亚的拉特穆斯山的山洞里永远长眠，以求得神赐永恒青春。亦有言永远沉睡之决定系塞勒涅做出者。原其故事，此决定似应由恩底弥翁做出为好。

八大指八大山人，明末清初画家、书法家，清初画坛"四僧"之一。因其原为明朝王孙，明亡后，落发为僧，以遗民自居，不肯与清王朝合作。作品幽愁孤愤，满纸倔强奇险，章法结构亦不落俗套，可谓冷逸杰出，方之花卉，雪梅霜菊，远迈俗流。

"风人"二义。一谓古代采集民歌民俗以观民风之官员。刘勰《文心雕龙·明诗》："自王泽殄竭，风人辍采。"一谓诗人。《文选》曹植《求通亲亲表》："是以雍雍穆穆，风人咏之。"吕延济注："风人，诗人也。""云章"语出《诗经·大雅·棫朴》："倬彼云汉，为章于天。"郑玄笺："云汉之在天，其为文章，譬犹天子为法度于天下。"后因用"云章"指帝王的文章。亦指文采斐然的文章。近读《南通范氏诗文世家》觉其中风人志意，传家继世，实有功于吾华文化，不但为一家一族之彪炳而已。

秦楚四唱（蜂腰格）

【吟和】

范先生： 共赏大秦弦舞地；

　　　　能忘三楚碧云天。

郑福田： 住近西秦思孔阜；

　　　　行深古楚感离骚。

【注析】

我国古代称呼罗马帝国及近东地区为大秦。《后汉书·西域传》："大秦国一名犁鞬，以在海西，亦云海西国。地方数千里，有四百余城。小国役属者数十。以石为城郭。列置邮亭，皆垩塈之。有松柏诸木百草。其王无有常人，皆简立贤者。国中灾异及风雨不时，辄废而更立，受放者甘黜不怨。其人民皆长大平正，有类中国，故谓之大秦。"

战国楚地疆域广阔，秦汉时乃分为西楚、东楚、南楚，合称为三楚。《史记·货殖列传》以淮北、沛、陈、汝南、南郡为西楚；彭城以东，东海、吴、广陵为东楚；衡山、九江、江南、豫章、长沙为南楚。后人诗文中多以泛指长江中游以南，今湖南湖北一带。范仲淹《苏幕遮》以清健之笔写景写情，非一般吟风弄月，颠簸山水，而无情感加入者所可比拟："碧云天，黄叶地。秋色连波，波上寒烟翠。"起首已自不凡。

孔阜，甚为高大。《诗经·秦风·驷驖》："驷驖孔阜，六辔在手。"孔传："阜，大也。"福田地处边陲而近西秦，常思所以大之。此身曾入古楚，早具深感于《离骚》。人文化育，本无畛域，向慕追求，固为立身之基。

山水五唱（鹤膝格）

【吟和】

范先生： 苦寒远脉山犹雪；
　　　　炎日沧波水接天。

郑福田： 晋得秦钟山振铎；
　　　　汉沉白马水宣房。

【注析】

　　上则苦寒远脉，白雪犹存，下则炎日沧波，碧水接天，此正异域风光，范先生所亲历也。当年福田曾一至欧境，甚奇于此种景色，曾写有俚诗若干，中有"撒一片盐沉在湖底，然后抬头，远处明丽峰头之雪，卓荦不凡的晶莹。"

　　钟山盘踞回曲40余里，系古代分宜县与新喻县之界山。史载西晋永嘉元年，雨后有大钟从山峡流出，按验其铭，乃秦时所造，故名其山为钟山。宋王象之《舆地纪胜》载："分宜钟山，曾有渔人钓得一金锁，长数百尺。又得一钟，如铎状，举之，声如霹雳，山川震动。渔者亦沉于水，或曰：此驱山铎也。"明陈耀文《天中记》引《玉堂闲话》之说更为神奇："宜春界钟山，有峡数十里，其水即宜春江也。回环澄澈，深不可测。曾有渔人垂钓，得一金锁，引之数百尺，而获一钟，又如铎形。渔人举之，有声如霹雳，天昼晦，山川震动，钟山一面崩摧五百余丈，渔人皆沉舟落水。其山摧处如削，至今存焉。或有识者云，此即秦始皇驱山之铎也。"

　　史载，汉武帝元光三年，河决于顿丘，复决于濮阳瓠子，泛郡十六。发卒数万人塞瓠子河。天子自临决河，沉白马玉璧于河，筑室其上，名宣房宫。

夏秋六唱（凫颈格）

【吟和】

范先生： 早卜蚌开长夏美；

　　　　未曾风起早秋天。

郑福田： 万物任兴知夏养；

　　　　金风时至报秋临。

【注析】

　　夏季万物恣意生长，至于繁茂。《艺文类聚》引《尸子》曰："夏为乐，南方为夏。夏，兴也；南，任也；是故万物莫不任兴，蕃殖充盈，乐之至也。"因此，善处夏者，当令其得尽长养之德。《礼记》曰："南方者夏，夏之为言假也。养之长之，假之仁也。"《太公金匮》曰："纣尝以六月猎于西土，发民逐禽。民谏曰：'今六月，天务覆施，地务长养。今盛夏发民逐禽，而元元悬于野。君践一日之苗，而民百日不食。天子失道，后必无福。'纣以为谣言而诛之。后数月，天暴风雨，发屋折树。"

　　欧阳修《秋声赋》："夫秋，刑官也，于时为阴。又兵象也，于行用金。"故秋风又叫金风。金风起，报秋来，是秋风为秋之诸象之始也。《周书·时训》曰："立秋之日，凉风至。又五日，白露降。又五日，寒蝉鸣。凉风不至，国无严政。白露不降，民多邪病。寒蝉不鸣，人皆力争。……白露之日，鸿雁来。又五日，玄鸟归。又五日，群鸟养羞。鸿雁不来，远人背叛。玄鸟不归，室家离散。群鸟不养，下臣骄慢。秋分之日，雷始收声。又五日，蛰虫培户，又五日，水始涸，雷不始收，诸侯淫汰。蛰虫不培，民靡有赖。水不始涸，介虫为害。"

琴棋书画邮票图稿·书　179cm×97cm　2012年

泪诗七唱（雁足格）

【吟和】

范先生： 天庭审判弥翁泪；

地狱鞭笞但丁诗。

郑福田： 初闻捷报还流泪；

莫倚危栏却作诗。

【注析】

弥翁即希腊神话中与月亮女神相爱之恩底弥翁。其故事此前曾经讲到。1818年5月，济慈发表长诗《恩底弥翁》。诗中写众神与人类之父为了永远清除人间对女神的诱惑，将恩底弥翁召到身边，令其作出选择：或死亡，或永远生活在梦幻中。弥翁选择了后者。于是他永远睡在拉塔莫斯山上，而月亮女神每晚都怀着悲哀的心情来看望他，吻他。

意大利诗人但丁创作《神曲》，通过与地狱、炼狱及天堂中各种著名人物的对话，鞭笞社会，针砭时政。认为意大利没有一块干净的土地，意大利所有的城市，到处充斥着暴君。在《神曲》中，贪婪的教皇、主教、教士在第四层接受惩罚，教皇朋尼法斯八世则打入地狱第八层，头脚倒栽于深穴中接受火刑。

唐代宗广德元年（763）春，杜甫在梓州得到蓟北光复喜讯，内心激荡，写下了生平第一快诗《闻官军收河南河北》。诗以河出龙门，一泻千里之势，抓住刹那间情态动作，写尽仓促中各种喜状，表达了充沛的激情。"剑外忽传收蓟北，初闻涕泪满衣裳"是其首联,即所谓"初闻捷报还流泪"也。李煜《浪淘沙》之"独自莫凭栏,无限江山,别时容易见时难。流水落花春去也,天上人间",辛弃疾《摸鱼儿》之"闲愁最苦。休去倚危栏,斜阳正在,烟柳断肠处",皆所谓"莫倚危栏却作诗"也。

　　先生以上七题原注曰:"以上咏意大利之行。"福田未曾去过意大利,故仅以文字相合,其意未免左右凑泊。

雁鱼二唱（燕颔格）

【吟和】

范先生：　落雁常因飞箭疾；

　　　　　沉鱼岂是美人来。

郑福田：　系雁足书浑不是；

　　　　　剖鱼腹素每非期。

【注析】

《庄子·齐物论》曰："毛嫱、丽姬，人之所美也；鱼见之深入，鸟见之高飞，麋鹿见之决骤，四者孰知天下之正色哉？"本义是说世间无绝对之是非美丑，一切人与物存在之意义和价值皆齐一无别。"沉鱼落雁"系由此中演变出来，然而语义已经发生变化，成为对女子容貌之形容赞扬。宋朝无名氏《错立身·第二出》："看了这妇人，有如三十三天天上女，七十二洞洞中仙，有沉鱼落雁之容，闭月羞花之貌。"其实这种种形容，皆系文学手法。范先生于此直接说破：倘有落雁，岂因美人，应系飞箭射到；倘见鱼沉，定有他故，绝非因惊艳于女子之美丽也。

旧称鱼腹可得尺素，雁足可传帛书。考之皆有出处。前者出于汉乐府之《饮马长城窟行》："客从远方来，遗我双鲤鱼。呼儿烹鲤鱼，中有尺素书。"秦观词中亦有"驿寄梅花，鱼传尺素。砌成此恨无重数。"后者则见于《汉书·苏武传》，其中于雁足传书之缘由与真相，记之甚为详悉。所谓"鱼雁传书"，亦皆出于造作。倘究其实，则"系雁足书浑不是，剖鱼腹素每非期"矣。

以和快意

下卷 联语之部

以张荣培题畅园之上联索下联

【吟和】

  原上联：畅叙惬幽情，拓地无多，何必在狮林鹤市；
  范先生：闲居横史帙，飞云在迹，犹同来杰阁华堂。

  原上联：畅叙惬幽情，拓地无多，何必在狮林鹤市；
  郑福田：朗吟怀古意，襟风自远，要须探鸟篆鱼书。

【注析】

  此题乃范曾先生拈得张荣培题畅园联之上联，命作下联。畅园在江苏苏州，系小型园林之典型，建于清末。张氏题畅园原联为："畅叙惬幽情，拓地无多，何必在狮林鹤市；园居成画稿，引人入胜，最宜邻柳巷花街。"

以太白楼之上联索下联

【吟和】

　　原上联：酒家何处，杨柳低垂，

　　　　　　每当月白风清，胜地也应招子美；

　　范先生：梵寺亦空，鼓钟不再，

　　　　　　唯识天荒地老，流云常罩即如来。

　　原上联：酒家何处，杨柳低垂，

　　　　　　每当月白风清，胜地也应招子美；

　　郑福田：花影此时，星河暗转，

　　　　　　常有主尊客雅，良辰相与重渊明。

【注析】

　　此题乃范曾先生拈得太白楼之上联，命作下联。太白楼在安徽马鞍山市翠螺山麓之采石矶，始建于唐，系为纪念李白而建，又名谪仙楼、青莲祠。原联为："酒家何处，杨柳低垂，每当月白风清，胜地也应招子美；潭水依然，桃花无恙，到此神怡心旷，前身或许是汪伦。"福田所对，原为："花影此时，星河暗转，常有主尊客雅，良辰谁与逗才雄。"范曾先生建议"逗才雄"应略改，以去除躁气。因改"谁与重才雄"为"相与重渊明"。范先生评曰："立意已佳，改后句，扫去躁气。"

以挹爽楼之上联索下联

【吟和】

原上联：论长江胜迹，那便数到黄州，看当前风月如新，
洵知地以人传，赖有坡公两篇赋；

范先生：登夔府孤城，还谁轻忘碧水，忆往昔野猿悯客，
便使情从韵出，能无杜叟八首诗。

原上联：论长江胜迹，那便数到黄州，看当前风月如新，
洵知地以人传，赖有坡公两篇赋；

郑福田：听野老闲谭，早当烧完赤壁，知此后是非仍旧，
乃悟名由文立，能无本贯百卷书。

【注析】

此题乃范曾先生拈得挹爽楼之上联，命作下联。挹爽楼是湖北赤壁建筑群之一，以伫立楼头，遥望西山，爽气袭来，扑人眉宇，故名"挹爽"。原联为："论长江胜迹，那便数到黄州，看当前风月如新，洵知地以人传，赖有坡公两篇赋；忆囊昔文场，也曾漫游赤壁，愧此日疆圻兼领，安得劫随心转，永靖周郎一炬兵。"

以赵藩题临水亭之上联索下联

【吟和】

原上联：马背诗情，杨柳春风堤上路；
范先生：刀锋雪影，帐旌瀚海塞边魂。

原上联：马背诗情，杨柳春风堤上路；
郑福田：天陲雁影，沧桑大野耳边风。

【注析】

赵藩题联之临水亭位于云南剑川向湖村。赵藩原联为："马背诗情，杨柳春风堤上路；鸥波画稿，莲花明月水西庄。"范曾先生评福田所对曰："拉开而切中，最是作联妙处。此联是也。"

以赵希潜题武侯殿之下联索上联

【吟和】

范先生：千叠浪飞，偏闻遥信宿孤猿，赖斯将在；
原下联：一亭云净，好趁此招回野鹤，还有诗来。

郑福田：四岭风微，原由其吹出朝岚，更牵雾去；
原下联：一亭云净，好趁此招回野鹤，还有诗来。

【注析】

赵希潜题联之武侯殿，在甘肃兰州五泉山，祀诸葛亮，附祀关帝、财神。赵氏原联为："万壑风回，问何时唤醒潜龙，恐偷珠去；一亭云净，好趁此招回野鹤，还有诗来。"范曾先生所作上联，自注曰："将：严武。"评福田所对曰"神速"。

以张荣培题三闾大夫祠之上联索下联

【吟和】

　　原上联：湘水吊忠魂，岂唯经著离骚，词藻千秋推鼻祖；
　　范先生：国门迎大德，终留典迻般若，雨花六道信真传。

　　原上联：湘水吊忠魂，岂唯经著离骚，词藻千秋推鼻祖；
　　郑福田：蒙疆驰良骥，应羡目空远阔，国家百代尚元功。

【注析】

　　张荣培题联之三闾大夫祠在江苏苏州吴县黄埭镇。张氏原联为："湘水吊忠魂，岂惟经著离骚，词藻千秋推鼻祖；埭川分庙貌，合与赋成鹏鸟，笔花五色荐心香。"此题与上一题，皆 2013 年 3 月 14 日晨起接范曾先生信息所作。先生于福田所对，评曰："神思之速，令吾大赏。"

以吴鸿章题光孝寺之上联索下联

【吟和】

原上联： 直指见心,慈云塔现如来金粟眼前,
七宝庄严参佛相;

范先生： 不须存字,妙法经原六祖菡萏身里,
三生寂灭是无明。

原上联： 直指见心,慈云塔现如来金粟眼前,
七宝庄严参佛相;

郑福田： 无须乱道,福慧根具当下寻常躯内,
一言亲切即真诠。

【注析】

吴鸿章题联之光孝寺在江西赣州。吴氏原联为:"直指见心,慈云塔现如来金粟眼前,七宝庄严参佛相;回头是岸,甘露泉在大士白莲座后,一瓶清静悟禅机。"福田作此联时,略有滞碍,于是勉强凑成塞责:"无须乱道,福慧根具当下寻常体内,一言朗丽是真诠。"后乃改为现在样子。因与范曾先生笔谈曰:"先生之学,浑茫无涯岸。福田夏虫井蛙,捉襟肘见,惭愧。"先生即取笔答曰:"夏虫不可语冰,福田可语冰,非夏虫也。"并评福田所对曰:"较前者为畅。对属之妙,福田累见前四字。续之者难越。而联语末句突起则更佳矣。"

以徐淮生代张欣之题西园之上联索下联

【吟和】

原上联：居白门久，无往非钓游足迹所经，何须皖山皖水，常想像梦中风月；

范先生：倚皇寝时，总还是宦海心谋斯逐，脱去儒冠儒服，欲归闻梵域磬铃。

原上联：居白门久，无往非钓游足迹所经，何须皖山皖水，常想像梦中风月；

郑福田：作青眼观，俱都是杖履心期到处，未必春雨春云，尽飞扬天上文章。

【注析】

徐淮生代张欣之题联之西园，系江苏江宁西园。原联为："居白门久，无往非钓游足迹所经，何须皖山皖水，常想像梦中风月；于西城隅，尽与其豪贤长者相结，愿趁好春好夏，同消磨醉里光阴。"范曾先生评福田所对下联曰："前四字称绝，佳！"

以朱书题燃灯寺之上联索下联

【吟和】

　　原上联：古寺燃灯，借一点灵光，好读圣经贤传；
　　范先生：清风拂日，怀千秋浩气，迎瞻丘礼轲仪。

　　原上联：古寺燃灯，借一点灵光，好读圣经贤传；
　　郑福田：朝花得露，是何方法雨，来浇普愿深禅。

【注析】

　　朱书题联之燃灯寺在安徽宿松。原联为："古寺燃灯，借一点灵光，好读圣经贤传；长溪如带，流千秋秀水，都成学海文澜。"范先生评福田所对曰："此联为上上品，可喜也。"

以章佐龙题黄鹤楼之上联索下联

【吟和】

原上联： 乘鹤已成幻说，只因李白搁笔，
　　　　崔颢题诗，藉他才名传千古；

范先生： 画龙非若闲行，应识僧繇点睛，
　　　　叶公好异，尊诚固典告后人。

原上联： 乘鹤已成幻说，只因李白搁笔，
　　　　崔颢题诗，藉他才名传千古；

郑福田： 攀龙曾遇明皇，却教力士脱靴，
　　　　杨妃捧砚，恃我豪气误平生。

【注析】

　　黄鹤楼在湖北武汉。章佐龙原联为："乘鹤已成幻说，只因李白搁笔，崔颢题诗，藉他才名传千古；登楼讵极北观，却与彭蠡双钟，洞庭一塔，为世砥柱镇中流。"福田除上所对外，还对了一个下联："吹箫终结良缘，谁羡月老牵绳，王郎坦腹，有彼逸女足平生。"因时间仓促，所撰两下联皆有平仄未谐处。然先生仍给予鼓励。称此两联"佳句难得"。

琴棋书画邮票图稿·画　179cm×97cm　2012年

以下联索上联，后二字须是人名

【吟和】

郑福田：怕听子规啼，望锦里烟云，摛文铺彩思工部；
范先生：莫向长安道，守蜗居草树，植蕙滋兰是福田。

【注析】

此联系范曾先生出以考校福田者。后范曾先生来信息自对曰："长休北邙边，曾隐迹嵩山，瘦松硬石俦东野；莫向长安道，守蜗居草树，芳蕙幽兰即福田。"

以廖成之题初殿之上联索下联

【吟和】

  原上联： 天地几闲身，试问名利场中，哪有此清凉世界；
  郑福田： 典章齐圣德，为探海山藏内，谁如公锦绣心肠。

【注析】

  廖成之题联之初殿，在四川峨嵋山骆驼岭下，传为全山最早建立之寺庙。廖氏原联为："天地几闲身，试问名利场中，哪有此清凉世界；光阴如过客，每到水山佳处，莫更负潇洒情怀。"范曾先生以信息发来此题，命对下联，应命先后对以"岁时多正意，应知雪梅顶上，方分其馥郁香花"，"乾坤余过客，休论佛禅史上，浑无那热闹心肠"。后乃定为"典章齐圣德，为探海山藏内，谁如公锦绣心肠"。

以洪良品题赤壁之上联索下联

【吟和】

原上联：水光接天　人影在地　月白风清　问良夜谁来赤壁

郑福田：牧歌吹鬓　雁阵排空　霜高露冷　仰鸿文我对苍山

【注析】

洪良品题联之赤壁，在湖北黄冈汉川门外赤壁山，因苏轼被贬至此，躬耕于东坡之上，而大有名声。苏轼于此曾作前后两赤壁赋，故此地之赤壁，亦称"文赤壁"。洪氏原联为："水光接天，人影在地，月白风清，问良夜谁来赤壁；好竹连山，长江绕郭，笋香鱼美，忆先生初到黄州。"福田所对则是塞上深秋景色，是当年敬和范曾先生诗词时之真实写照。

以彭玉麟题滕王阁之下联索上联

【吟和】

　　郑福田：　振铎依北风，每见庆云临大野；
　　原下联：　扬舲向南浦，重开旧馆访仙人。

【注析】

　　彭玉麟题江西滕王阁原联为："挂笏对西山，应有新诗怀帝子；扬舲向南浦，重开旧馆访仙人。"福田得题之后，初对以"振铎临九边，乍见胡杨荫大漠"，后改定为："振铎依北风，每见庆云临大野"。

以"中国梦""舜尧天"为上下联后三字撰联

【吟和】

范先生：八万里皇图无恙，看金瓯一统，讲信修睦，
举世同襄中国梦；
五千年岁月漫长，欣圣鼎永存，持忠守仁，
抬头便是舜尧天。

郑福田：潜龙起九有八荒，向野径芹蹊，清荣水木，
一体同欢中国梦；
元武升南疆北域，笼山陬海曲，炳焕文章，
兆民共戴舜尧天。

【注析】

此联系为癸巳春节而作，同时作者还有邵盈午、万俊人、刘波诸先生。邵盈午联曰："难尽数治乱兴亡，看陵夷谷换，天图地碣，瀛海还腾中国梦；到如今风云开阖，更除腐涤瑕，郅治宸谋，神州又现舜尧天。"万俊人先生联曰："凭孔孟春秋大义，绘华夏宏图，见龙在田，盛世欣圆中国梦；沐炎黄日月光辉，乘劲风健翼，腾凤出火，晴空好看舜尧天。"刘波联曰："一脉承炎黄裔庙，幸往哲犹存，允礼允文，诗苑从知中国梦；千秋有性理学梲，喜新风以倡，克勤克俭，盛朝恭迓舜尧天。"《光明日报》2013年3月13日刊登了《诗人雅集新春放歌联吟中国梦》，记此事颇详。

以寄畅楼之上联索下联

【吟和】

  原上联：结伴品茗，话海阔天空，一盏清茶思往古；
  范先生：教徒吟句，敲声新韵隽，千重彩墨过前贤。

  原上联：结伴品茗，话海阔天空，一盏清茶思往古；
  郑福田：当风吹帽，推词雄韵险，几人大赋烁来今。

【注析】

  寄畅楼在安徽合肥包河东大岛上的浮庄。原联为："结伴品茗，话海阔天空，一盏清茶思往古；邀朋登阁，看雨疏烟淡，满池碧水荡风荷。"系吕选忠、胡志然所撰。

以"孟东野""孔北山"为上下联后三字撰联

【吟和】

范先生：杰句冠当年，有怀硬瘦孟东野；
　　　　雄文传万古，不吝讥嘲孔北山。

郑福田：浩气塞长天，诗清竟若孟东野；
　　　　公忠连广宇，骨硬能方孔北山。

【注析】

范曾先生联下有注云："孔稚珪《北山移文》鞭周颙，一时人称孔北山。"于福田所作联，先生评曰："佳句！"

以"惊四座""拨千弦"为上下联后三字撰联

【吟和】

范先生：国故喜重光，拂麈诗人惊四座；
　　　　朝新圆远梦，闻琴后学拨千弦。

郑福田：东风开绛帐，莞尔玄谈惊四座；
　　　　大海象威仪，翩如妙手拨千弦。

【注析】

2013年3月26日，北京举行范曾先生国学开讲座谈会，盛况空前，媒体报道好评如潮。

以"归泰岱""到汪洋"为上下联后三字撰联

【吟和】

郑福田：八部早朝宗，厚积壤土归泰岱；
　　　　百川今汇海，广纳涓流到汪洋。

范先生：齐鲁望中青，万笏朝宗归泰岱；
　　　　江河依旧碧，百川归纳到汪洋。

【注析】

此联本系福田以联语奉先生，先生垂和。

以"鹏舒翼""石点头"为上下联后三字撰联

【吟和】

郑福田： 欣闻绛帐开,击水三千鹏舒翼;
　　　　喜看春云起,从风无数石点头。

范先生： 搏风追绝域,逍遥北冥鹏舒翼;
　　　　散蕊近尊神,峻峭南山石点头。

【注析】

此联本系福田以联语奉先生,先生垂和。

以"从指顾""好平章"为上下联后三字撰联

【吟和】

郑福田：大儒振宗风，芥子须弥从指顾；
　　　　正学关国脉，人心世道好平章。

范先生：论说动青云，国监当朝从指顾；
　　　　风容含紫霭，宏门正学好平章。

【注析】

此联本系福田以联语奉先生，先生垂和。

以"爱伦堡""拜占庭"为上下联后三字撰联

【吟和】

范先生： 高人如犟牛，烟云一斗爱伦堡；
　　　　 帝国忆罗马，兵燹半隅拜占庭。

郑福田： 吐属动寰中，长霏敢比爱伦堡；
　　　　 声华倾宇内，伟论应传拜占庭。

【注析】

范曾先生联下原注云：爱氏，俄异见大作家，喜用烟斗；西罗马既然灭，东罗马——拜占庭立。

以"斗柄""天机"为上下联后二字撰联

【吟和】

郑福田：中外几高人，吞吐云烟横斗柄；
　　　　门墙多雅士，瞻依海岱仰天机。

范先生：斋中多雅士，为有七星成斗柄；
　　　　亘古重贤人，惟从北极指天机。

【注析】

海岱，原指渤海至泰山地带。海，渤海；岱，泰山。此处用指如大海泰山渊雅高妙之尊师。门墙：师长之门。亦指师长道德文章之涯岸。《论语·子张》："夫子之墙数仞，不得其门而入，不见宗庙之美，百官之富。"

奉赠范曾先生一行并相与唱和

【吟和】

郑福田： 九重仰鸿文，碧水三围贯怡乐；
　　　　四海知令德，和风一路景阳春。

范先生： 北国待花时，碧水长流唯兖耳；
　　　　南乡佳节候，青山依旧自怡然。

郑福田： 敢言报春忠，童头耿介临碧水；
　　　　自有观人智，青目怡然对长天。

郑福田： 雅士爱春迟，光天简树头上净；
　　　　大儒怜草长，茂竹繁花世间怡。

范先生： 无漏即菩提，心净能教头上净；
　　　　有情趋正道，意怡便觉世间怡。

连贯怡： 雅士去凡心，就简删繁头上净；
　　　　书生多异趣，吟骚赏画世间怡。

郑福田： 未便去凡心，心便如佛头上净；
　　　　要能思琐事，事能体道世间怡。

郑福田： 景阳对江山，大雅从容头上净；

　　　　福田逢雨雾，初心一贯世间怡。

郑福田： 想见主尊客雅，曲水桥边，

　　　　青头隐显，正是弦歌游戏地；

　　　　诚知花美山荣，垂杨影里，

　　　　好句吟哦，犹如齐鲁舞雩天。

【注析】

　　2013年3月28日，吾在外地机场候机，准备返回呼和浩特。而当地大雾，飞机停飞，一整天滞留于机场。时孙景阳连贯怡二位仁兄陪侍范先生在南方讲学，福田因写"九重""四海"一联，并致信息于连贯怡先生："景阳贯怡二兄陪待先生一路风华掩映，好生快意也。后三字忒重，顾不得平仄了。"连贯怡回信息："已得先生佳评。先生说下午到湖边饮茶作诗。感谢仁兄妙联，贯怡感佩良深！"下午四时二十四分，连贯怡发来范先生"北国""南乡"一联，以为雅人笑乐。我回了"敢言""自有"一联，随即以信息谢唐突之罪。复因范曾先生有"北国待花时""南乡佳节候"联，故有后来往来酬和诸联。

与连贯怡名字有关诸联

【吟和】

范先生： 惟自贯之忠而恕；
　　　　固当连者学兼思。

郑福田： 夫子大道连忠恕；
　　　　先生玄机贯怡然。

郑福田： 能张高第,唯常行忠恕连贯；
　　　　学近大儒,且安排怡然从风。

【注析】

　　连贯怡发来信息云："先生嘱传上过去为我作联：惟自贯之忠而恕；固当连者学兼思。"吾回信息，言先生所作甚合于连兄姓名风格。贯怡兄回信息曰："更绝的是，先生妙联即成，吾乃再求一横披，先生不假思索，脱口而出：怡然自得！吾大惊，盖因吾弟字贯然，急电告吾父，家翁亦大讶。先生叹曰：此天意也！"我于是回了两联："夫子大道连忠恕；先生玄机贯怡然。""能张高第，唯常行忠恕连贯；学近大儒，且安排怡然从风。"并说："连贯，连成贯索，从风，依从教化，均可作动宾结构看。以君兄弟名字入联，聊作一笑乐，惭愧。下午以兄与景阳兄名字作联，亦此意也，幸勿怪福田唐突也。"

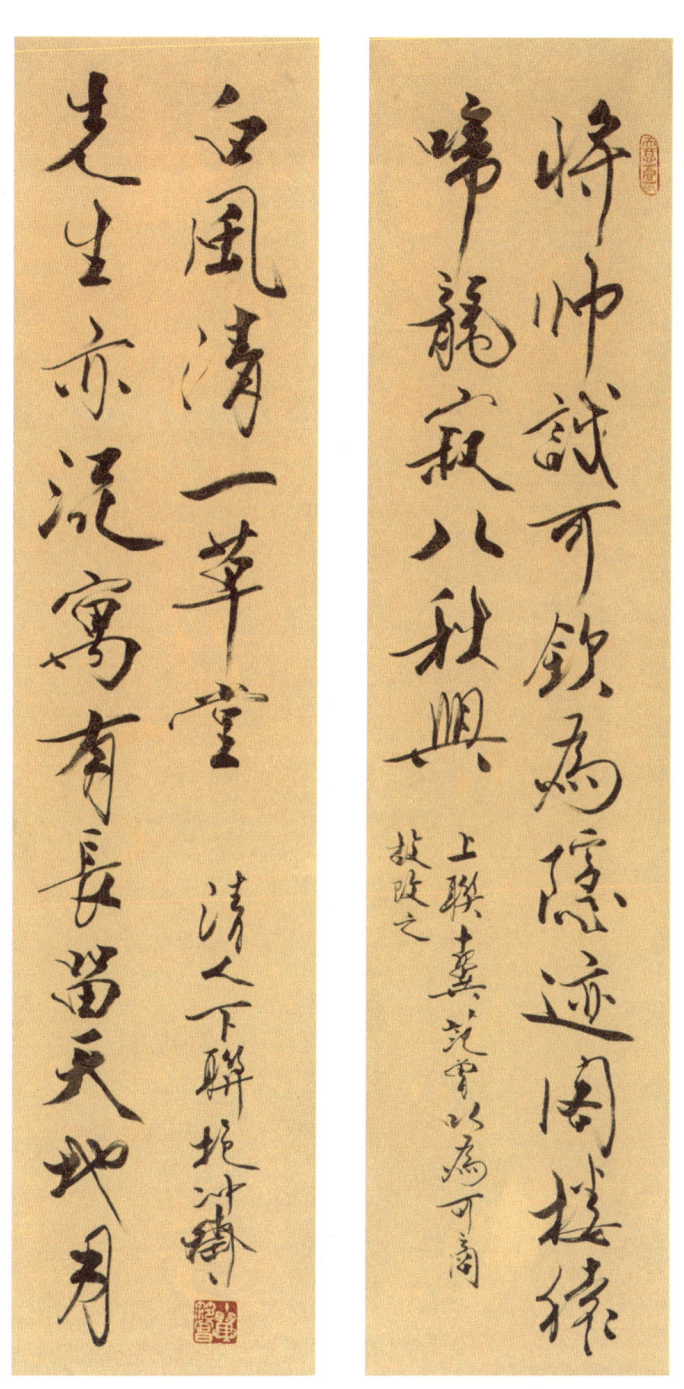

龙门对联　232cm×53cm×2　2013年

范曾先生赐联并命和

【吟和】

范先生： 无垠昊宇飘祥霭；
　　　　浩莽人生种福田。

郑福田： 武库罗胸开奇彩；
　　　　文章济世种福田。

【注析】

此范曾先生赠福田联语。福田所和，虽有个人名字在内，实多仰止之情。

与"诗书在腹非缘胖"有关之联语往还

【吟和】

范先生： 福田稼穑勤，诗书在腹非缘胖；
郑福田： 夫子弦歌远，雨泽当春有幸多。

范先生： 福田稼穑勤，诗书在腹非缘胖；
　　　　 寿者谦和久，风月巡天岂止高。

范先生： 福田稼穑勤，诗书在腹非缘胖；
郑福田： 边鄙贪婪久，雨露加身未觉多。

郑福田： 先生春睡足，华堂境是草堂境；
　　　　 后学壮思飞，北岭云随南岭云。

范先生： 福田稼穑勤，诗书在腹非缘胖；
　　　　 呼市盘飧助，史汉吟边每忘穷。

郑福田： 将历三高境，非鱼非肉非缘胖；
　　　　 未安四大心，在利在名在忘机。

范先生： 北陲日正午，奇思妙构随诗至；
　　　　 南国春方好，袒腹平台曝卷时。

郑福田：　宁作岭头云，为探高深三宝笈；
　　　　　无如池边树，早送朗丽一番风。

连贯怡：　还荫池边树，映晔高天陪宿学；
　　　　　最爱岭头云，持将一片寄诗人。

【注析】

2013年3月31日，我在大青山内白石头沟。先生信息来，因往复吟和。先生所出之联，既合乎我之形体特征，又含有对后学鼓励褒奖鞭策之意。故余先对以有幸多接雨泽，继言"贪婪"之意。当时曾发信息给范曾先生曰："福田北鄙野人，渴望甘霖。当春频得正学雨露，然以素性'贪婪'，故未觉其多也。"先生回信息曰："妙极！"此时时已中午，贯怡兄曰："先生中午小休。"余因写"先生春睡""后学壮思"一联。下午余与先生各对一联。而余于"将历""未安"联后解释曰："福田血脂血压血糖均临正常上限，故云'将历三高'也。"后之诸作，皆是日往还之清净余波也。

以柳亚子句为下联索上联

【吟和】

郑福田： 文兼诗，须移斗攀云，纵横异域；
原下联： 我与汝，要上天入地，把握今朝。

范先生： 诗偕文，真承绝开新，睥睨往哲；
原下联： 我与汝，要上天入地，把握今朝。

【注析】

此联作于 2013 年 4 月 5 日。先是连贯怡兄发来信息："先生出题，请作三个四字诗钟：祢衡、司马相如；酒、凤凰；荆轲、鹜；先生句：（祢衡、司马相如）非曹击鼓；倚卓当炉。（酒、凤凰）真能佐汉；可以承旄。（荆轲、鹜）身孤野落；匕见图穷。"我回信息："福田应命，作诗钟奉上。（祢衡、司马相如）传奇鼓吏；有汉辞宗。又：真狂鼓吏；挑卓文君。（酒、凤凰）焦家欢伯；火里涅槃。又：为君邀月；于火升华。又：欢伯介寿；火禽涅槃。（荆轲、鹜）犹寒今水；并举落霞。"先生回信息曰："来作皆称绝伦，柳亚子有云：'我与汝，要上天入地，把握今朝！'快哉诗人之自慰也。"我因与范曾先生各有上述以柳亚子句为下联之作。

呈范先生联语

【吟和】

郑福田：从渔从牧从农耕，从古山川依旧，华疆无恙传后泽；
　　　　乃马乃车乃海运，乃今史志更新，高铁有幸近先生。

【注析】

此联作于2013年4月5日。先是范曾先生发来信息，曰："请再作四字联语：王勃、马；宋玉、张良。"我回信息："王勃、马：凌云自惜；掣电谁雄。又：比邻海内；踪迹天涯。宋玉、张良：登徒好色；博浪惊天。又：朗吟风色；胜算乾坤。"范先生又来信息曰："王勃、马：伤心梓泽；愤鬣荒沙。宋玉、张良：献媚兰台；呈威博浪。"我回信息："先生大气恢宏，不知尚在南方否？"收到信息曰："在返京高铁上。"我于是回信息曰："奉上一联，供先生作一笑乐。"所呈之联即此也。

以曹春生题武侯殿之上联索下联

【吟和】

  原上联：山水有清音，知其乐者谁乎，看槛外天晴，
      到眼来无非是云树苍茫，人烟错落；
  范先生：般若存妙谛，信守蒲僧少矣，待莲心露冷，
      真修至不再伤磬钟寂灭，古寺萧条。

  原上联：山水有清音，知其乐者谁乎，看槛外天晴，
      到眼来无非是云树苍茫，人烟错落；
  郑福田：画图多胜概，浴斯风兮我也，喜斋中日朗，
      输心至到处皆圣哲馥郁，史乘琳琅。

【注析】

  曹春生题联之武侯殿，在甘肃兰州五泉山。曹氏原联为："山水有清音，知其乐者谁乎，看槛外天晴，到眼来无非是云树苍茫，人烟错落；春秋多佳日，登斯楼者几次，当村中酒热，留心处莫放过林泉啸傲，花鸟精神。"

以江峰青题枫溪书院之上联索下联

【吟和】

  原上联：积习笑吾曹，与诸君把酒论文，绿蚁尊中浮竹叶；
  范先生：寒光临蜗室，唯独自凭炉敲韵，丹霞雪外染梅花。

  原上联：积习笑吾曹，与诸君把酒论文，绿蚁尊中浮竹叶；
  郑福田：高风来远哲，仰正学经天画地，丹霞影里看鸿图。

【注析】

  枫溪书院在浙江省嘉善县。江峰青原联为："积习笑吾曹，与诸君把酒论文，绿蚁尊中浮竹叶；清风留里社，访令举先生故宅，白牛泾上遍桃花。"得此题后，福田初以"新风期后辈，将六艺融通贯注，红尘世界写鹏图"对。旋改如此。丹霞景象，竟与先生相合。

以司马迁语为下联索上联

【吟和】

范先生：典坟索丘似较书经者古；
原下联：文史星历近乎卜祝之间。

郑福田：马枚班扬俨若诗骚亚选；
原下联：文史星历近乎卜祝之间。

【注析】

司马迁《报任安书》："仆之先人非有剖符丹书之功，文史星历近乎卜祝之间，固主上所戏弄，倡优畜之，流俗之所轻也。"范先生所对联语下原有注曰："三坟五典九丘八索，已轶，述三皇五帝方域八卦之学。"初得到这个题目，我先后对了"节操咏言臻于苏辛之境"等数句，后乃以"马枚班扬俨若诗骚亚选"对"文史星历近乎卜祝之间"。范曾先生在信息中于所对大为称赏："福田兄：是司马迁、枚乘、班固、扬雄乎？妙句！天下能作此联者，舍福田其有人乎？"读此，福田益增惭愧。

范曾先生七十五岁华诞吟和联语

【吟和】

郑福田：天纵先知九有八，燕尔千秋，长吟温其乃玉；
范先生：吾生已过四之三，期予百岁，再祝憕懂之翁。

范先生：君壮何曾二分一，可祈千年，堪惊神龟其寿；
　　　　吾生已过四之三，期予百岁，再祝憕懂之翁。

范先生：君壮何曾二分一，可祈千年，堪惊神龟其寿；
郑福田：臣愚倘得五若三，长荫八部，共仰骑士者崇。

郑福田：天纵先知九有八，燕尔千秋，长吟温其乃玉；
　　　　臣愚倘得五若三，长荫八部，共仰骑士者崇。

【注析】

2013年7月7日晚，接连贯怡兄信息："昨日先生七十五生日，出下联命吾等和之：吾生已过四之三，期予百岁，再祝憕懂之翁。"我回信息：对以"天纵先知九有八，燕尔千秋，长吟温其乃玉"。连贯怡兄转来范先生评价："来联甚佳，老翁大乐。范曾。"连贯怡兄又发来信息："先生赠君上联，一挥而就，畅快何如！君壮何曾二分一，可祈千年，堪惊神龟其寿；吾生已过四之三，期予百岁，再祝憕懂之翁。"我回信息，又对了下联："臣愚倘得五若三，长荫八部，共仰骑士者崇。"后来，我又说："这两幅联可做四个组合"云云，结果即如上所列也。

范曾先生撰上联索下联

【吟和】

　　范先生：吾生唯剩四之一，算革命情高，期予百龄入共党；
　　郑福田：正学早淘浪里沙，忧图南道远，愿将十翼开青衿。

【注析】

　　7月17日得范曾先生所出题目："吾生唯剩四之一，算革命情高，期予百龄入共党；范曾七十五岁自勉，索下联。"我回信息："匆促间勉对如下，恭请指教：'正学早澄泥与沙，知图南道远，每将十翼开青衿。'"后改为："正学早淘浪里沙，忧图南道远，愿将十翼开青衿。"

呈范曾先生联

【吟和】

郑福田：气象禀心传，腹内甲兵匣中剑；
　　　　文章关世运，楼头大赋壁间书。

郑福田：盛世看传孤，应向精忠悲扼腕；
　　　　中华将起凤，方经烈火得涅槃。

【注析】

此二联均系呈范曾先生者。前者系初入抱冲斋之感受。后者系闻范曾先生正观赏电视剧《赵氏孤儿传》，因撰联以呈。所写皆真实情感。

范曾先生赠联

【吟和】

范先生：十方国土皆莲界；

万世臣民享福田。

【注析】

此联乃 2011 年 11 月 6 日拜访范曾先生时，先生所赠联语。

后 记

予素慕范曾先生风义文章,曾原韵奉和先生诗词多首,集为《和风清穆》。稿成,先生欣然赐序,虽于福田奖誉过当,而其文气汪洋,纵横跌宕,发则金声,收以玉振,令人想见风采。迨是集出版,先生又题其卷首曰:"不惜歌者苦,但伤知音稀。然司马迁有云:钟子期死,伯牙不复鼓琴。何则,士为知己者用,女为悦己者容,自古皆然。今读《和风清穆》,中心之愉悦,有难以言表者。"先生一代文章山斗,咳唾珠玉,而许福田为知音,与作诗人交,其扶植后进,沾溉学林之意皎然。

先生平居,喜作诗钟联语,福田得陪末座,固多收益。或有时未获侍坐,先生则以信息载题以达,责予奉和,不分昼夜,不避寒暑。是先生知福田疲驽,故督课殷殷,冀予有所长进也。福田所对先生联有"边鄙贪婪久,雨露加身未觉多"语,即此种情形之真实写照。盖以福田北鄙野人,渴望甘霖,又素性"贪婪"于文章,虽频得雨露,正自游戏其中,故未觉其多也。由是所积渐夥,乃总为一集,分为二部,一诗钟,一联语,复加以注析,持奉先生。先生大欢喜,亲题书名曰《吟和快意》,仍赐大序,陈说缘起,揭示指归,于福田之用心亦多所称扬。今兹集付梓,回首与先生往还种种,觉至今犹坐于春风中,真平生快意事也。

诗钟联语,人皆以为小道,予亦以为固小道也。至付之创作,观其具规则,成体格,用故典,严文法,运语简,作意深,若即若离,相对相成,拉开切中,不落言筌,关乎荣辱休咎,审于进退出处,讽咏性情,有助于道,又岂可仅以小道视之?况范曾先生学问深湛,德隆望尊,作为文章,浩乎沛然,为此小道,重逾千钧,福田虽奋发扬厉,肆力追摹,犹十九不至。唯检视所得,持以较诸旧我,窃自喜于为学日进,此诚取法乎上之效也。

郑福田

图书在版编目(CIP)数据

吟和快意：与范曾先生积年所作诗钟联语集 / 郑福田著. —北京：北京大学出版社，2015.5
（中国画法研究院文库·众芳文存）
ISBN 978-7-301-25763-0

Ⅰ.①吟… Ⅱ.①郑… Ⅲ.①诗集–中国–当代 ②对联–作品集–中国–当代 Ⅳ.①I217.1

中国版本图书馆CIP数据核字(2015)第086673号

书　　名	吟和快意：与范曾先生积年所作诗钟联语集
著作责任者	郑福田　著
责 任 编 辑	梁　勇
标 准 书 号	ISBN 978-7-301-25763-0
出 版 发 行	北京大学出版社
地　　址	北京市海淀区成府路205号　100871
网　　址	http://www.pup.cn　新浪微博：@北京大学出版社 @培文图书
电 子 信 箱	pkupw@qq.com
电　　话	邮购部 62752015　发行部 62750672　编辑部 62750883
印 刷 者	三河市腾飞印务有限公司
经 销 者	新华书店
	720毫米×1020毫米　16开本　17印张　16页彩插　264千字
	2015年5月第1版　2015年5月第1次印刷
定　　价	42.00元

未经许可，不得以任何方式复制或抄袭本书之部分或全部内容。
版权所有，侵权必究
举报电话：010-62752024　电子信箱：fd@pup.pku.edu.cn
图书如有印装质量问题，请与出版部联系，电话：010-62756370